# A Formação da Classe Trabalhadora

(Movimento anarquista
no Rio de Janeiro, 1888-1911)

Maria Conceição Pinto de Góes

# A Formação da Classe Trabalhadora

## Movimento anarquista no Rio de Janeiro, 1888-1911

Jorge Zahar Editor
Fundação José Bonifácio

1988
Direitos para esta edição contratados com
Jorge Zahar Editor Ltda.
rua México 31 sobreloja
20031 Rio de Janeiro, RJ

*Ficha técnica*:
Revisão de texto: Carlos Nayfeld. Diagramação: Celso Bivar. Capa: João da França. Revisão: Wendell Setúbal, Lincoln Natal Jr., Carlos Nayfeld, Nair Dametto. Composição e Impressão: Tavares e Tristão Gráfica e Editora de Livros Ltda.

ISBN: 85-7110-051-9

# Sumário

Abrindo espaço destinado aos agradecimentos, registro e agradeço o acompanhamento da professora Eulália Maria Lahmeyer Lobo a este trabalho.

Agradeço ao sr. José Vaz, estudioso do anarquismo, que colocou à nossa disposição seu valioso material a respeito desse assunto.

Registro e agradeço a colaboração de Marco Henrique Veloso, Andrea Victor, Atila Roque, José Roberto e Julia Prado Valadares, amigos e alunos muito queridos.

Agradeço também aos companheiros do Instituto de Filosofia e Ciências Sociais, Beatriz Heredia, José Henrique Vilhena, Liana da Silva Cardoso, Lincoln de Abreu Penna, Philomena Gebran, Vesuvia Neiva e Vera Calheiros, pela sustentação afetiva, assim como à professora Ana Maria de Castro.

Agradeço a Beatriz Resende que gentilmente revisou o trabalho para publicação.

Dedico este livro a Moacyr, Clara Raissa, José Roberto, Moacyr Filho, Maria Idalia, Leom, Raissa e Bruno, que tornam meu quotidiano feliz.

# Introdução

*O historiador materialista deve sempre se lembrar de que a imagem do passado — que é a sua imagem de passado — não pode oferecer um ponto de partida imediato à sua análise, mas que a condição prévia de todo julgamento do passado é o exame crítico da constituição histórica desse passado.*

WALTER BENJAMIN

Neste trabalho procurei contribuir para o estudo da formação da classe trabalhadora do Rio de Janeiro, de suas lutas, de suas propostas, estratégia, de seus sonhos de liberdade, de suas frustrações. Para tanto considerei as novas condições criadas no processo de constituição do capitalismo, no final do século XIX e início do século XX. Neste contexto, a implantação do trabalho assalariado e o alargamento do mercado de trabalho atraíram um contingente de imigrantes (alguns com passagem pelo setor agrário), migrantes, ex-libertos etc.

A inserção desses trabalhadores de composição social diversa em novas modalidades de trabalho, a recente divisão social do trabalho nas fábricas e oficinas, a ocupação por estes do espaço urbano e a resistência que ofereceram frente às novas condições do quotidiano foram objeto central dessa investigação.

No estudo da resistência, privilegiei as propostas de cunho anarquista. Essa reação anarquista expressava-se na defesa de individualidade, sem abdicar da luta coletiva contra a forma organizativa e autoritária que o capital impunha. Há que se levar em conta que o anarquismo, como doutrina, recusa qualquer forma de autoridade, de opressão e de dominação. Para situar o anarquismo historicamente é importante citar o seu principal historiador, George Woodcock: "Em geral, os historiadores anarquistas confundiram certas atitudes que constituem a essência do anarquismo — a crença na decadência intrínseca do homem, o desejo de liberdade individual, a intolerância diante da dominação — como anarquismo enquanto movimento e doutrina, surgida num determinado momento histórico, com teorias, objetivos e métodos específicos. Essas atitudes básicas podem ser sem dúvida encontradas através da história, datando pelo menos da Grécia antiga. Mas o anarquismo como tendência desenvolvida, articulada e facilmente identificável só aparece na era moderna das revoluções sociais e políticas conscientes."

"Sua excentricidade, que combinava uma visão moral com uma crítica radical à sociedade, só começaria a aparecer, de forma perceptível, depois do colapso da ordem medieval."

Portanto, o anarquismo pode ser visto como uma forma encontrada pelos trabalhadores em defesa de sua identidade, face ao capitalismo emergente.

No Rio de Janeiro, o movimento anarquista era, no final do século XIX e início do século XX, certamente, a mais forte força política dos trabalhadores. Coexistiram as duas formas mais conhecidas do movimento, a formação de grupos de propaganda e a dos sindicatos, onde o anarco-sindicalismo pretendia criar sindicatos de massa. Estes últimos receberam forte influência do anarco-sindicalismo de Barcelona, Espanha. A hegemonia dos anarquistas no movimento operário ficou demonstrada no Primeiro Congresso de 1906, no Rio de Janeiro, tratado neste livro. Pareceu-nos evidente a distância entre o discurso anarquista que convocava os trabalhadores para a luta e as possibilidades reais destes em atendê-lo.

Privilegiei o marco teórico utilizado por E. Thompson que conceitua classe como uma categoria histórica, portanto, definida e identificável no estudo do processo histórico, na luta de classes. Neste sentido, procurei a aproximação possível com o quotidiano do trabalhador. Para tanto, pesquisei a imprensa operária, destacando nesta a imprensa anarquista.

Em se tratando de uma imprensa especializada, isto é, que se dirige especialmente a uma categoria social específica,[1] obviamente levei em consideração suas limitações. Está claro que teria um quadro mais abrangente e completo desse período se tivesse tido a oportunidade de confrontar os jornais da grande imprensa ou dos setores da burguesia. Procurei suprir essa lacuna com o estudo de uma bibliografia histórica de apoio e de cronistas da época. Embora a imprensa operária seja uma fonte riquíssima para fornecer material indispensável para a reconstituição de um tempo histórico, a curta duração da tiragem de seus jornais, muitas vezes interrompida por pressões econômicas ou intervenções policiais, dificulta o trabalho do historiador. A imprensa anarquista está impregnada do discurso político-ideológico de sua doutrina. Através de sua leitura, podem-se levantar as teses em voga no período estudado, suas práticas culturais, seus valores. Foi útil destacar, nos jornais que compõem a imprensa operária, aqueles que são vinculados de forma orgânica aos trabalhadores, dirigidos por estes, órgãos de suas associações por categoria de trabalho e aqueles que são dirigidos por grupos de outros setores sociais. Estes dirigiam-se aos trabalhadores com interesses políticos na tentativa de interferir em suas organizações.

Duas questões relevantes foram ainda destacadas neste trabalho. A presença do Estado, poder político, intervindo e mediando a luta entre capital e trabalho. No Brasil como em toda a América Latina, a intervenção do Estado no processo modernizador garante as condições básicas para as mudanças indispensáveis à implantação do capitalismo.

E, finalmente, salientando as especificidades do Rio de Janeiro, centro comercial dinâmico, cultural e político-administrativo. Estas características favoreceram a urbanização e a criação de um mercado consumidor que antecedeu a industrialização.

Este trabalho abrange um tempo que vai de 1889 até 1911. A partir de 1911, o movimento dos trabalhadores sofreu a interferência de grupos políticos não-operários, o do chamado Partido Republicano Operário do Rio de Janeiro, que disputa a liderança do movimento operário que sofre a enorme repressão desencadeada pelo Estado. Esse partido teve atuação destacada no 2º Congresso Operário de 1912. Nesse Congresso há uma rejeição das palavras de ordem socialistas e uma condenação à tática das "ações diretas". É um novo tempo que se inicia no movimento operário, marcado pela luta interna entre sindicalistas revolucionários e a chamada corrente reformista do tipo trabalhista moderado, como observou Koval.[2]

Ocorre, a partir daí, o declínio do movimento anarquista como proposta teórica e como práxis política.

## NOTAS

1. Duverger, Maurice, *Ciência política — teoria e método*, Rio de Janeiro, Zahar Editores, 1962 (Biblioteca de Ciências Sociais), pp. 85-92.
2. Koval, Boris, *História do proletariado brasileiro (1857-1962)*, S. Paulo, Editora Alfa-Omega, pp. 99-118.

capítulo 1

# O Estado, Dominação e Poder

*Não se separavam bem as pessoas e as cousas; o que se via era aquele ajuntamento, aquela aglomeração, que lá do alto parecia ser uma existência, uma vida, feita de muitas vidas e muitas existências. Não era o palacete ou o cortiço, não era o patrão ou o criado, não era o teatro ou o cemitério, não era o capitalista ou o mendigo; era a cidade, a grande cidade, a soma de trabalho, de riqueza, de dores, de crimes de quase quatro séculos contados.*

LIMA BARRETO

Na virada do século XX, o Rio de Janeiro é uma cidade onde as transformações econômicas, sociais e políticas davam um novo direcionamento aos hábitos políticos e culturais de seus habitantes.

O desenvolvimento das forças produtivas e as modificações em suas relações sociais de produção marcavam o longo período da transição do trabalho escravo para o trabalho livre, tornando mais complexa a organização social e acentuando a divisão social do trabalho.

A importância da cidade não se limitava ao aspecto político, apesar de ser o centro do poder. Historicamente, o Rio de Janeiro destacava-se pelo seu porto, por onde se escoava o ouro da região das minas e ponto de abastecimento da mesma região. Nestas circunstâncias, fora transformada em capital desde 1763. A importância do porto aumentou no século XIX, por ser o centro de comercialização e exportação do café do Vale do Paraíba, Leste fluminense e mineiro. A lavoura do café — que se espalhou do Rio de Janeiro para o interior de São Paulo e Minas Gerais, acompanhando as margens do Paraíba do Sul — exportava pelo porto do Rio de Janeiro 100 mil sacas em 1820 e 400 mil em 1830. Situação que perdurou até as décadas de 1880-90.[1] A produção do café nesse período mantinha como unidade produtiva a monocultura extensiva, a exploração do trabalho escravo e o latifúndio, bases políticas do Império. A vida da cidade esteve sempre ligada ao processo de ascensão, crise e transformação da economia cafeeira (aceleradas quando do empobrecimento do solo do Vale do Paraíba e a criação de novas frentes produtivas no Oeste paulista), nas esferas da produção, da comercialização e exportação. Essas transformações apressaram a substituição do trabalho escravo por outras formas de trabalho. Em 1850, quando cessou o tráfico negreiro, causando um grande aumento no preço de escravos, a sua substituição pelo trabalhador livre já se mostrava inevitável.

Essa conjuntura de crescimento da economia cafeeira provocou a construção de novas estradas de ferro, a expansão do mercado e o aumento da então incipiente produção industrial local. Além das ferrovias, desenvolveram-se a navegação de cabotagem e as condições imprescindíveis para a urbanização e a formação de um mercado interno.

As linhas de ferro da Leopoldina serviam ao Norte do Estado do Rio de Janeiro, parte do Espírito Santo e Nordeste de Minas Gerais. A Estrada de Ferro Central do Brasil, desde 1877, ligava o Rio de Janeiro a Minas Gerais e daí a São Paulo-Mato Grosso. O Lóide Brasileiro mantinha a navegação de cabotagem, exercendo o monopólio e fazendo o percurso do Rio de Janeiro a Montevidéu e também o do Rio de Janeiro a Manaus. Criou-se um mercado consumidor para as manufaturas locais e para as importações. Os mercados de consumo e de trabalho eram então os maiores do Brasil. Entre 1890 e 1900, a população do Rio aumentou 33% e passou de 522.651 para 691.566 habitantes.[2] A população do Distrito Federal era então três vezes maior do que a da cidade de São Paulo.

Em torno da economia cafeeira, e no seu interior, desenvolveram-se os setores comerciais, bancários, agrícolas e industriais. As transformações em torno da economia cafeeira impulsionaram o processo industrial e a implantação capitalista no país. Na medida em que a economia cafeeira assumiu relações capitalistas de produção, engendrou os pré-requisitos fundamentais ao surgimento do capital industrial e da grande indústria.[3]

Anteriormente, quando da proibição do tráfico negreiro, os capitais, que eram investidos na compra de escravos, foram liberados e investidos nas atividades manufatureiras. Mas o processo de acumulação de capital foi impulsionado, principalmente, pela exportação do café em períodos relativamente longos de preços favoráveis no mercado mundial. A política econômica adotada pelo Estado, nesse momento garantindo financiamento, barateando os fretes etc., beneficiou essa acumulação.

O movimento do porto do Rio de Janeiro (15º porto do mundo em volume de comércio, sendo superado na América apenas pelos portos de Nova York e Buenos Aires) integrava o sistema de viação marítima e terrestre e intensificava cada vez mais a vida urbana. Foi em torno do porto, centro de importação e exportação dos mais importantes do país, que se acelerou a urbanização. E foi a urbanização que incentivou a criação de indústrias de bens de consumo, têxteis, calçados, móveis, vestuários, alimentos e da construção civil.

No Rio de Janeiro, o desenvolvimento da vida urbana antecedeu a industrialização. A expansão industrial acelerou a urbanização já existente por ter a cidade as características de centro comercial, político, administrativo e cultural. Dessa forma, concentrava as atividades portuárias, comerciais, da administração pública e privada e dos serviços urbanos. A urbanização era parte do processo da acentuada divisão social do trabalho, ou seja, das modificações estruturais que se processavam mesmo a nível das modificações no modo de produção. A urbanização não é um processo autônomo, mas está ligada ao papel que as classes sociais desempenham nesse processo.[4] A crescente dominação sobre o trabalho era parte do processo de urbanização e das implicações que esta acarretava.

As atividades comerciais eram intensas, destacando-se o comércio importador e exportador. O comércio de estivas, em mão de portugueses, deixou de ser alimentado somente por importação estrangeira e passou também a distribuir a produção interna de gêneros alimentícios no comércio a varejo. O "comércio de varejo" se expressava em lojas pequenas, proporcionando grandes lucros aos seus proprietários, portugueses, sírios e italianos.[5] Os grandes comerciantes, muitas vezes, eram proprietários de meios de transportes, de oficinas, de trapiches em pequenos portos, por onde desembarcavam a produção de café, açúcar, algodão, etc. Esses comerciantes eram também proprietários e locadores de residências. No comércio, predominava o crédito e havia nesse setor muitos prestamistas.

Em 1892 começaram as obras de modernização do porto, a construção do cais, de novos edifícios públicos e privados, a abertura de novas avenidas como a Avenida Central, hoje Rio Branco, e a ampliação das ruas, possibilitando a ligação entre o Centro e a Zona Norte. A modernização da cidade, que significou também a tentativa de europeização, visava mudar-lhe a fisionomia e principalmente estabelecer as condições necessárias para a introdução das formas capitalistas de produção. Dá-se um processo ecológico transformador da velha cidade imperial com a demolição dos velhos casarões coloniais, alguns já transformados em casas de cômodos, moradia das populações mais pobres, para dar lugar à abertura de novas ruas.

As obras de saneamento, construção de esgotos, novas casas populares e a campanha de vacinação obrigatória possibilitaram uma baixa na mortalidade, favorecendo a formação do mercado de trabalho.

Era uma nova situação na economia agroexportadora, mesmo dentro das implicações e limitações oferecidas pela divisão internacional do trabalho. Havia uma expansão no setor secundário da economia urbana, favorecida por melhores condições de crédito, de câmbio, da política alfandegária, dos transportes, do abastecimento da cidade e do crescimento populacional.

O Estado tinha nesse processo um papel decisivo quando interpretava o pensamento da elite e investia concretamente para criar as condições necessárias à implantação capitalista.

A modernização e a ordem, consideradas necessárias ao novo momento, descem autoritariamente sobre as camadas dominadas da sociedade. Para isso o Estado não hesitou em exercer a dominação sobre estas, como antigamente o fazia, de certa forma, o dono de escravos.

A Abolição e a República introduziram mudanças significativas na vida do país e nas relações sociais. As mais significativas dessas mudanças foram, sem dúvida, a introdução do trabalho livre e o aparecimento em cena do trabalhador assalariado urbano.

Proclamada a República em 1889, o primeiro governo provisório, em seu primeiro decreto, no artigo 10, estabeleceu a cidade do Rio de Janeiro, Município Neutro, como sede provisória do Poder Federal, passando a Distrito Federal pela Constituição de 1891, em seu artigo 2º. Essa situação leva o Poder Federal, constantemente, a sobrepor-se ao Poder Municipal e até a diluí-lo. Entretanto, a cidade beneficia-se dessa situação, pois a partir de 1903, quando houve um grande afluxo de capitais estrangeiros, parte considerável foi utilizada em programas de obras públicas para a *modernização,* visto que a cidade abrigava o centro do poder político nacional.

A República brasileira teoricamente estabeleceu-se como uma democracia representativa liberal. Sua Constituição de 1891 estava impregnada dos princípios liberais, garantindo os direitos civis aos indivíduos. Entre esses direitos civis estavam: liberdade de associação, de imprensa, de ir e vir, de pensamento, de fé, direito à propriedade, de livre contrato e justiça. Os direitos políticos expressavam-se nas eleições para todos os cargos políticos e no direito de votar e ser votado, embora só votassem os alfabetizados maiores de 21 anos, brasileiros e do sexo masculino, medidas que tornavam o voto semi-universal.[6] Desse modo, a participação político-eleitoral das classes dominadas era mínima, visto que a grande maioria era analfabeta. Esse Estado, cujo caráter representativo estava fundamentado nesses limitados direitos políticos, assumiu, de fato, um caráter elitista, voltado basicamente para os interesses das oligarquias. A República brasileira restringiu o centralismo político, dando mais autonomia e poder aos grupos dominantes regionais. Tanto é assim que o principal meio de produção, a terra, era agora objeto de controle e venda pelo poder político regional.[7] O poder político do Estado exercia-se no setor urbano, enquanto as oligarquias continuavam controlando o meio rural. Por isso, "o ano de 1889 não significou uma ruptura do processo histórico brasileiro. As condições de vida dos trabalhadores rurais continuaram as mesmas; predominam ainda o sistema de produção e o caráter colonial da economia, a dependência em relação aos mercados e capitais estrangeiros".[8] Entretanto, na transição verificada nesse momento, quando das modificações nas relações de produção escravistas em sua passagem para outras formas de trabalho e na implantação do trabalho assalariado, as divergências de opinião a respeito dessa questão, entre os grupos oligárquicos, com interesses econômicos distintos, levaram a uma situação especial de impasse político. Desse impasse, resultou que a República fosse implantada tendo à frente do poder político o setor militar, representado pelos Governos dos Generais Deodoro da Fonseca e Floriano Peixoto, e não diretamente os setores oligárquicos. Ao se reagruparem, os grupos oligárquicos assumiram o controle político e a hegemonia do Estado a partir do Governo de Prudente de Morais, em 1894. Nesse Estado oligárquico, os trabalhadores estiveram isolados dos outros setores da sociedade. Os setores que formavam as camadas médias urbanas não exerciam uma prática política autônoma, indo quase sempre a reboque da política oligárquica, autoritária e excludente. Esses setores sociais exerciam as funções burocráticas civil e militar. Magnani [9] distingue nessas camadas médias urbanas dois subgrupos, os setores destituídos e os setores ascendentes, que se relacionam com a oligarquia de formas diversas. Os setores destituídos são aqueles formados pelas camadas médias tradicionais, que perderam a posse da terra e passaram a exercer funções burocráticas a serviço das oligarquias. Os setores ascendentes são aqueles cuja composição processou-se nas camadas médias mais baixas e passaram a exercer funções no setor terciário urbano. Dessa forma, esses setores estão mais próximos dos operários do que das oligarquias. Entretanto, esses setores sociais não formularam um projeto político antioligárquico. Magnani [10] explica essa postura citando Paes, devido "à carência cultural, e ao distanciamento dos mecanismos de dominação política, os setores médios ascendentes convertiam todos os problemas políticos em problemas de administração, pensavam que suas dificuldades (carestia, inflação, más condições de habitação, etc.) seriam solucionadas através da punição de alguns especuladores gananciosos pela administração pública".

Essa disposição de certa forma reforçava o projeto oligárquico de reformar a sociedade conservando as suas estruturas básicas.

Em se tratando da América Latina, a questão do Estado Nacional deve ser vista de forma diferente daquela referente ao Estado europeu, que estruturou-se em condições históricas diferentes do processo histórico latino-americano e, portanto, segue caminhos e etapas distintas daquele. Desse modo, "o Estado latino-americano nasce em contradições históricas que o tornam expressão de uma relação duplamente contraditória. De um lado, trata-se de um Estado que se afirma como politicamente soberano, pois não se pode pensar na noção de Estado sem a noção de soberania".[11] E ainda, "entretanto, essa soberania se afirma num solo embasado numa economia dependente".

O Estado brasileiro nesse período é a representação do poder político da classe dominante, sob a hegemonia do setor oligárquico exportador. Essa situação é resultado e pode ser explicada pela própria forma como estruturou-se o Estado Nacional, que necessitava ao mesmo tempo de organização e do controle nacional da economia visando à produção para exportação. Naturalmente que esse Estado estruturou-se tendo como base uma herança colonial incorporada ao Império, cujas estruturas se mantiveram com pequenas modificações para atender quase sempre às vicissitudes do mercado mundial. No sentido de dar coesão e organicidade a esse poder político dentro da formação social brasileira, os setores de burguesia agrário-mercantis, vinculados ao mercado mundial, exerceram uma dominação às vezes em forma de alianças com os setores agrários de menor produtividade e também sobre as camadas médias da população, que começavam a reivindicar participação no processo político. Como ocorre nos Estados latino-americanos, o Estado brasileiro, mesmo com sua tendência liberal, é parte imprescindível na organização econômico-social por estar intimamente vinculado ao projeto agrário-exportador e responsável pela implantação da infra-estrutura de serviços necessária ao projeto da economia exportadora. Nesse sentido, o Estado tem um significado que permite o exercício de poder diante das relações de produção e das classes sociais. Esse poder exerce-se através do controle da força de trabalho, como mediador e defensor do capital, manifestados no incentivo à produção, na instalação de uma infra-estrutura de serviços, como estradas, correios, na criação de escolas profissionais, presídios, asilos, orfanatos, aparato policial, etc. Antes que houvesse uma legislação trabalhista que viesse beneficiar os trabalhadores, havia todo um aparato para reprimir e controlar a força de trabalho. O Estado exerce uma dominação sobre toda a sociedade civil, da qual ele é expressão, através da legislação, do aparato policial e outras formas. Garante o controle da força de trabalho e a exploração imposta aos trabalhadores com vista a garantir a acumulação capitalista. Mas o poder que se exerce sobre a sociedade não pode ser visto tendo como única fonte o Estado. Na introdução à *Microfísica do Poder* de Michel Foucault, Roberto Machado assegura que "os poderes se exercem em níveis variados e em pontos diferentes da rede social e neste complexo os micropoderes existem integrados ou não ao Estado".[12] Para Foucault "O que faz com que o poder se mantenha e seja aceito é simplesmente que ele não pesa só como uma força que diz não, mas que de fato ele permeia, produz coisas, induz ao prazer, forma saber, produz discurso. Deve-se considerá-lo como rede produtiva que atravessa todo o corpo social muito mais do que uma instância negativa que tem por função reprimir".[13] Assim o poder se dissemina por toda a estrutura social, não só através dos aparelhos do Estado, o que torna mais penosa e mais difícil a identificação dos homens e a luta de classes. O poder "com existência objetiva, independente da consciência dos passadores individuais, existe como realidade institucionalizada e abarca diversos todos sociais, historicamente registrados com manifestações concretas, seja de instituições e agências, seja em sua ação difusa de poder abrangendo as variadas esferas da vida quotidiana dos indivíduos sociais".[14]

O Rio de Janeiro, pelo seu caráter singular de grande centro comercial e administrativo, possibilitou a presença de um contingente de funcionários públicos e empregados de empresas privadas.

A ampliação das instituições econômico-sociais, políticas e culturais que se evidenciaram nesse contexto, quando da implantação da República e da *modernização* que se seguiu, tomou forma nas funções comerciais, financeiras, na administração pública e privada, nos setores de serviços, nos costumes e no comportamento de seus habitantes, levando à formação de novos grupos sociais. O Rio também era o centro das transações financeiras. Esse contexto possibilitou a criação de um mercado para a sua produção de manufaturas, desenvolvendo a partir daí as atividades industriais. Assim, o setor terciário existente é alargado, absorvendo grandes quantidades de trabalhadores, possibilitando o surgimento de novas categorias de trabalho, do subemprego, mas, por outro lado, marginalizando setores razoáveis de possíveis trabalhadores que são transformados em mendigos, vadios, prostitutas, etc.

Houve uma crescente imigração européia, intensificada após a abolição. Nesse período, os imigrantes, em sua maioria, localizavam-se nas fazendas de café. No Rio de Janeiro, em 1872, numa população de 275.000 habitantes, 84.000 eram estrangeiros. E, em 1890, a população do Distrito Federal era de 522.000 habitantes, sendo 124.000 estrangeiros, ou seja, 25% da população. Em 1900, o então Distrito Federal tinha 210.515 estrangeiros.

A cidade atraiu um grande contingente humano, com a esperança de trabalho assalariado. Essas esperanças logo são frustradas porque esse mercado de trabalho é limitado e permite a criação de "um exército de reserva", sempre atento para "se colocar", sob quaisquer condições, característica que dificultou o sucesso de várias lutas entre trabalhadores e patrões. Dos marginalizados, surge uma categoria social até então inexistente, destacando-se agora no Rio de Janeiro — é o "bamba", o valente, que se veste bem e é utilizado para fazer a segurança de pessoas ou de locais.

O Rio é uma cidade que se abre em várias direções, ao trabalho, ao lazer, ao vício, ao crime.[15] Tudo é possível e válido na ânsia de sobreviver e nessa situação só os mais "capazes" e "malandros" sobrevivem. Diz João do Rio: "O Rio é porto de mar, é cosmópolis, um caleidoscópio, é a praia com a vasa que o oceano lhe traz. Há de tudo. Vícios, horrores, gente de variados matizes, niilistas rumaicos, professores russos na miséria, anarquistas espanhóis, ciganos debochados... Todas as raças trazem qualidades que desabrocham numa seiva delirante. Porto de mar, meu caro."[16]

Nesse contexto e sem muita escolha, as diversas categorias de trabalhadores assalariados, biscateiros, vendedores ambulantes por conta própria e/ou a serviço de outrem, os funileiros, os amoladores de tesouras, os compradores de garrafas vazias, empurradores de cargas (os "burros sem rabo"), os ciganos, os desempregados, compõem as chamadas classes subalternas que vão disputar um lugar nessa sociedade. Nessa busca e nesse drama participado, vão viver angústias semelhantes e problemas comuns e em oposição a interesses diferentes e opostos aos seus. Agora, através do trabalho, surge a possibilidade da identificação dos parâmetros que permitem a passagem do individual para o coletivo social e/ou sem este a sua inserção definitiva na marginalidade. Nesse processo localizado, distinto e historicamente determinado, a classe trabalhadora no Rio de Janeiro tem a sua gênese, manifesta seus conflitos, inquietações, lutas, expressão de suas experiências dentro e fora do mundo do trabalho.

A imprensa operária já é um sintoma dessa formação de classe. Ora, "las classes no existen como entidades separadas, que miran en derredor, encuentran una classe enemiga y empiezan luego a luchar por el contrario, las gentes se encuentran en una sociedad estructurada en modos determinados (crucialmente, pero no exclusivamente, en relaciones de producción), experimentan la explotación (o la necesidad de mantener el poder sobre los explotados), identifican puntos de interés antagónico, comiezan a luchar por estas cuestiones y en el proceso de lucha se descubren como clase, y llegan a conocer este descubrimiento como consciencia de clase. A clase y la conciencia de clase son siempre las últimas, no las primeras, fases del proceso real histórico".[17] Não foi difícil para esse grupo social, principalmente para aquelas categorias de trabalhadores recém-ingressados no mercado de trabalho e de menor poder aquisitivo, identificar os seus problemas comuns e os grupos sociais que lhe faziam oposição. Conviviam com as mesmas dificuldades, tanto no enfrentamento da superexploração do mundo do trabalho como disputando as mesmas moradias insalubres, distantes ou de difícil acesso nos morros da cidade, nos bairros mais pobres.

De 1902 a 1906, o Prefeito Pereira Passos era um nome temido, tanto pelas demolições que atingiam em cheio as habitações, as "casas de cômodos", os velhos cortiços, como pela cobrança das taxas sanitárias, mesmo nos subúrbios distantes onde benefício algum de saneamento fora feito. Essa Taxa Sanitária era cobrada por um funcionário da Prefeitura a domicílio. Os operários que por acaso se mudavam pagavam-na duas vezes. Nesse período de grandes desapropriações, a Prefeitura dava três dias para que o imóvel fosse desocupado, dessa forma houve uma brutal exploração por parte dos proprietários de casas de aluguel, Ao denunciar essa situação o jornal *O Brasil Operário* adverte: "Ai de vós se o operário se levantar."[18] Havia a clara intenção de afastar do Centro da cidade, que se *modernizava,* também as velhas pensões onde se abrigavam os recém-chegados, imigrantes e migrantes. Eram comuns as *batidas* noturnas feitas pela polícia nessas velhas pensões (onde também pernoitavam os trabalhadores sem família que se amontoavam nos corredores), quando as pessoas eram acordadas, revistadas e sofriam outros vexames.[19] Pretendia-se, ao mudar a fisionomia física da cidade, ainda com problemas advindos do tempo colonial, impor à padronização cultural promovida pelo próprio Estado. Tarefa difícil por tratar-se de uma população de caráter bastante heterogêneo. Intensificou-se uma grande perseguição aos capoeiristas, tendo sido deportados vários deles para a ilha de Fernando de Noronha.[20] A pretexto da manutenção da ordem proibiram-se as festas populares no Outeiro da Glória e na Igreja da Penha.

Apesar disso, havia núcleos de liturgia, entre outros o de jêje-nagô, onde se evocavam almas do outro mundo, se preparavam feitiços que se colocavam em encruzilhadas dos caminhos, visando atingir com malefícios pessoas determinadas. São os centros de candomblés ou de macumbas, são crenças africanas trazidas pelos antigos escravos. Essa religiosidade está mesclada com o catolicismo. No Centro de João Gamboa de Luanda, na Travessa do Castelo, são evocados Ogum, Xangô, Oxalá, São Jorge, São Cosme e São Damião e Santo Onofre. Próximo ao local, em São Sebastião do Castelo, é celebrada a missa com bênção, e conseguem-se graças especiais. Era comum, aos sábados, as pessoas do povo, em grande quantidade, "brancos e negros", terminada a missa, deixarem a igreja e se dirigirem ao terreiro de macumba.

Há uma população flutuante na cidade que cresce, sempre disponível para aglomerar-se em torno de qualquer concentração, quer seja política ou não, a princípio com curiosidade, depois com pilhérias, podendo chegar até à violência. A população soma e recria suas crenças e costumes.

Historicamente, está em formação a classe trabalhadora, que, no enfrentamento com as diversas formas de coerção, identifica os seus interesses e aqueles que lhe são opostos.

Nesse contexto, a identidade de interesses comuns favorece o despertar de uma consciência de classe. E essa consciência como a descreve Thompson, "é a maneira como se traduzem essas experiências em termos culturais, encarnando-se em tradições, sistemas de valores, idéias e formas institucionais".[21] Percebemos essa classe trabalhadora, definindo-se em anseios próprios, apelando, protestando, resistindo, através de sua imprensa operária, contra os patrões e o Estado. Nesse momento, as propostas anarquistas contra esse Estado oligárquico, autoritário, defensor da ordem e do capital, denunciam a burguesia emergente, que explora os trabalhadores. Denunciam também a Igreja, vista como aliada do poder e mantenedora da ignorância. Essas denúncias são responsáveis, em parte, pelas modificações que se operam no comportamento político dos trabalhadores.

## NOTAS

1. Fausto, Boris, *Expansão do café e política cafeeira,* in História geral da civilização brasileira, São Paulo, Difel, 1975, tomo III, pp. 193-248.
2. Lobo, Eulalia Maria Lahmeyer, *História do Rio de Janeiro* (Do capital comercial ao capital industrial e financeiro), Rio de Janeiro, 2.° vol., uma publicação IBMEC, 1978, p. 471.
3. Melo, João Manoel Cardoso, *O capitalismo tardio.* Prefácio de Luiz Gonzaga de M. Belluzo, 3ª edição, São Paulo, Brasiliense, 1984, p. 98.
4. Singer, Paul, *Economia política da urbanização,* 5ª edição, São Paulo, Brasiliense, 1978, p. 13.

5. Basbaum, Leôncio, *História sincera da República* (1889-1930), Rio de Janeiro, São José, 1958, pp. 189-190.
6. Felizardo, Joaquim José, *História nova da República Velha,* Rio de Janeiro, Vozes, 1980, pp. 37-44.
7. Martins, José de Souza, *Os camponeses e a política do Brasil,* Rio de Janeiro, Vozes, 1981, p. 35.
8. Costa, Emília Viotti da, *Da Monarquia à República,* São Paulo, Ciências Humanas, 1979, p. 326.
9. Magnani, Silvia Lang, *O movimento anarquista em São Paulo,* São Paulo, Brasiliense, 1982, p. 44.
10. Magnani, *idem,* pp. 45, 46 e 47.
11. Cardoso, Fernando Henrique, *Dependência e desenvolvimento na América Latina,* Rio de Janeiro, Zahar, 1979, pp. 43-46.
12. Machado, Roberto, in Michel Foucault, *Microfísica do poder,* Rio de Janeiro, Graal, 2ª edição, 1981, p. XVI.
13. Foucault, Michel, *Vigiar e punir,* Rio de Janeiro, Vozes, 1977, p. 29.
14. Fenelon, Déa, *Estado e classes sociais,* mimeo, São Paulo, 1983.
15. João do Rio, in Rodrigues, João Carlos, *História da gente alegre,* Rio de Janeiro, José Olympio, 1981, pp. 31-32.
16. *Idem,* p. 10.
17. Thompson, E. P., *Tradición, revuelta y conciencia de clase,* Barcelona, Crítica, 1979, pp. 35-37.
18. *O Brasil Operário,* Rio de Janeiro, 01 de maio de 1903.
19. João do Rio, in Rodrigues, João Carlos, *Gente alegre do Rio,* Rio de Janeiro, José Olympio, 1981, pp. 11-14.
20. Edmundo, Luís, *O Rio de Janeiro do meu tempo,* Rio de Janeiro, Imprensa Nacional, 1938, vol. I, pp. 231-234.
21. Thompson, E. P., *Idem,* pp. 34, 35, 36.

capítulo 2

# A Formação da Classe Trabalhadora no Rio de Janeiro

*Para os contentar perguntei:*
*— Por que não pedem a diminuição das horas de trabalho?*
*As pás caíram bruscas. Alguns não compreendiam, outros tinham um risinho de descrença:*
*— Para que, se quase todos se sujeitam?*
*Mas um homem de barbas ruivas, tisnado e velho, trepou pelo monte de pedras e estendeu as mãos:*
*— Há de chegar o dia, o grande dia!*
*E rebentou como um doido, aos soluços, diante dos companheiros atônitos.*

JOÃO DO RIO

No Rio de Janeiro, no final do século XIX, o mundo do trabalho começava a caracterizar-se pela acentuada divisão social do trabalho, quando da organização do trabalho social livre. O dono do capital tem agora a possibilidade de garantir o controle da acumulação. Nesse contexto, o operário perde a liberdade e o controle sobre o seu trabalho. Já não lhe cabe decidir como e quanto quer trabalhar para produzir o que lhe é necessário, mas é preciso que escolha trabalhar nas condições impostas pelo patrão ou não trabalhar, o que não lhe deixa nenhuma escolha.[1]

A presença de homens, mulheres e crianças atraídos para a capital federal pelos mais diferentes motivos, mas principalmente em busca de trabalho, contribuía para a formação de um crescente mercado de trabalho.

Na cidade em transformação, dão-se os processos de acumulação de homens e acumulação de capital, "os dois processos de acumulação de homens e acumulação de capital não podem ser separados, não teria sido possível resolver o problema de acumulação de homens sem o crescimento de um aparelho de produção capaz ao mesmo tempo de mantê-lo e de utilizá-lo; inversamente, as técnicas que tornam útil a multiplicidade acumulativa de homens aceleram o movimento de acumulação de capital".[2] A classe dominante utiliza o Estado para submeter e incorporar os trabalhadores na produção, antes mesmo que estes alcancem o direito de cidadania. Nesse sentido, sofrendo tantas discriminações e violências, os trabalhadores descobrem a dominação a que estão submetidos, sem moradias decentes, sem escolas, sem transportes, etc. Percebem, também, que o acesso ao trabalho não lhes traz os direitos de cidadão. Na luta por esses direitos, despertam o medo da classe dominante, que, se sentindo ameaçada, aciona o Poder Político ou Estado para impor o controle e a ordem que interessavam para a reprodução do capital.

A composição social dos trabalhadores do Rio de Janeiro era bastante heterogênea. Os trabalhadores eram oriundos de lugares bem diferentes. Eram principalmente imigrantes, migrantes das zonas rurais e libertos atraídos pela perspectiva de um trabalho remunerado, alguns até com a expectativa de enriquecimento futuro. Os imigrantes vieram principalmente de Portugal, da Espanha e da Itália. São parte das grandes migrações transoceânicas dos séculos XIX e XX e constituem, assim, um aspecto do movimento demográfico da Europa em que a urbanização e a industrialização desempenharam papel relevante.[3] Essa heterogeneidade étnica não impediu que esses trabalhadores se unissem nos momentos cruciais de suas lutas. Havia um problema mais difícil de ser superado na tentativa de unidade, o da heterogeneidade de sua composição física — mulheres, homens e crianças — com experiências as mais diferentes. De um modo geral, havia entre os trabalhadores um grande preconceito contra o imigrante, provocado pela disputa do mercado de trabalho, embora algumas vezes mascarado como problemas raciais. O que agravava essa situação era a provável preferência dos empregadores pelos imigrantes, a pretexto de que estes eram mais capazes, embora a maioria tivesse a mesma origem rural dos trabalhadores brasileiros. As queixas e denúncias nos jornais operários, contra os estrangeiros que arranjavam empregos que deveriam ser dos brasileiros, são constantes. Acusavam-se os patrões portugueses, que preferiam os patrícios em detrimento dos nacionais. Ainda com relação aos trabalhadores de origem portuguesa, a maioria, o problema era bem grave. Isto pode ser explicado por várias razões: *a*) o ranço herdado da colonização portuguesa ao longo de todo o Império; *b*) por serem de propriedade de pequenos comerciantes portugueses, em sua maioria, os armazéns fiadores dos gêneros alimentícios aos trabalhadores; *c*) por serem eles também proprietários de cortiços e casas de aluguel onde residia a população mais carente; *d*) pela considerada interferência portuguesa na política interna brasileira, quando da Revolta da Armada, em 1893, comandada por Custódio José de Melo, no Governo de Floriano Peixoto. Nessa oportunidade, grupos da população aproveitaram o episódio e incendiaram lojas das zonas do comércio português no Rio de Janeiro; *e*) pela escolha de portugueses para o exercício de funções que os brasileiros disputavam.

Na ocasião, dois jornais — *O Jacobino* e *O Nacional* — esmeravam-se em críticas aos portugueses, embora *O Nacional* não tivesse a virulência de *O Jacobino*. Este último, no final do século XIX, denunciava o enriquecimento de portugueses pela exploração dos brasileiros. Denunciava também que os operários da Alfândega se sentiam preteridos pela repartição do Estado que acabara de admitir 16 portugueses, quando existiam extranumerários brasileiros que não foram admitidos.[4] Ainda em 1890, o jornal operário *Echo Popular* recebe e publica uma denúncia contra o fiscal das obras da catedral, um português, que só contratava "esses estrangeiros" e pede providências ao padre Eduardo Tristão, pároco dessa igreja.[5] Nesse mesmo ano, o jornal operário *A Voz do Povo* chama a atenção para a preferência da contratação de estrangeiros em detrimento dos nacionais "como acontecia durante a monarquia" e afirma que está havendo um esvaziamento nas oficinas do Arsenal de Marinha, que cada vez mais contratava serviços de fora com estrangeiros, em oficinas particulares do Rio.[6] Os trabalhadores do Arsenal de Marinha, que serviam também nos "Batalhões Patrióticos" e na Guarda Nacional, queixavam-se de que eram vítimas de oficiais "sebastianistas e adeptos de Saldanha". Os trabalhadores brasileiros estavam sendo substituídos por trabalhadores portugueses na Fortaleza de Santa Cruz pelo encarregado, o português Antônio José de Carvalho, só restando quatro brasileiros.[7] Em meio à intensa campanha antilusitana que promovia, *O Jacobino* chegou ao requinte de noticiar um acontecimento policial da seguinte forma: "Os galegos Antonio Pereira dos Reis e Francisco José Duarte Barbosa, em companhia de uma labrega vagabunda, assaltaram o botequim de um seu patrício à rua São Lourenço nº 50, inutilizando toda a quitanda. Que se desgracem uns aos outros, que é meio fácil para nos vermos livres desta corja." [8] Nesse clima, em setembro de 1896, o Senador Coelho Rodrigues apresentou ao Senado um Projeto de Lei determinando que os empregos públicos fossem somente exercidos por brasileiros, natos ou naturalizados.[9] Frente a essa situação, houve uma corrida pela naturalização por parte dos imigrantes, segundo a imprensa operária.

Em dezembro desse mesmo ano, *O Jacobino* transcreveu uma notícia de *O Paiz,* do dia 8, em que este jornal anunciava que os operários da Companhia de Navegação Costeira requereram a naturalização ao governo a fim de não perderem o emprego. Ao comentar a notícia, lembrou ao Ministro do Interior que os brasileiros não tinham emprego e "que nas casas de galego negociante não são permitidos os caixeiros brasileiros".[10] Em se tratando de denúncias que envolviam os portugueses, estes sofriam sempre adjetivações como "galegos", "calçadores de tamancos", "bigodudos suarentos", "exploradores de brasileiros", etc. Em qualquer denúncia contra um senhorio, se este não fosse brasileiro nato, vinha explicitado "senhorio português". Ao denunciar, por exemplo, que houve um aumento de aluguel de uma casa alugada a um operário, que custava 60$000 e passou a custar 180$000 e que este operário fora despejado por não aceitar o aumento, o jornal pede providências contra o "senhorio português".[11] No mesmo tom acusatório, havia uma denúncia no mesmo número de jornal sobre o atraso de pagamentos aos operários de uma oficina de máquinas de fundição situada à rua São Joaquim nºs 59, 60 e 62 "de propriedade de um português Marques Leitão".

As rixas eram muitas vezes violentas, terminando mesmo em tragédias, como ocorreu com um praça do 8º Batalhão da Infantaria da Guarda Nacional, que foi assassinado por cinqüenta portugueses, depois de ter se desentendido com um catraieiro português no porto, que o chamou de "Cabrito Jacobino". Os cinqüenta portugueses vieram em socorro do catraieiro e com os remos assassinaram o praça.[12]

Mas o xenofobismo não se manifestava somente em relação aos portugueses, embora fosse mais violento em cima destes, atingia também os outros imigrantes, espanhóis, italianos, sírios, etc., que disputavam o mesmo mercado de trabalho. Assim é que o espanhol Manoel Gonçalves e o brasileiro Luís Cláudio de Assis, praça do 6º Batalhão, moradores em "casa de cômodos" na rua da Misericórdia, mantinham uma rixa por "motivos de nacionalidade". Um dia, foram até a rua para uma desforra. O espanhol com um facão feriu o praça que veio a falecer. Interrogado sobre o motivo do crime, assim se expressou: "Fui eu quem o feriu e assim o fiz porque um espanhol não se deixa bater por um brasileiro". Esse mesmo jornal noticiou que um grupo de "nativistas", residentes na Estação de Ressaquinha, reuniu-se "no dia 30 do mês passado" para protestar e enviar uma mensagem ao Congresso Nacional, por intermédio de seus representantes, contra um grupo de italianos ingratos que afrontaram e injuriaram com a maior ostensividade a Nação Brasileira.[13] Muitas vezes o preconceito contra o estrangeiro manifestava-se em outros setores que não pertenciam às camadas mais carentes da sociedade. Os imigrantes de ascendência árabe eram chamados de "turcos" e também sofriam muitas discriminações. A Companhia do Lóide Brasileiro, no dia 1º de novembro de 1894, negou-se a vender passagens aos senhores José Miguel, Jorge José, M. Moysés e J. Merch, estabelecidos na praça comercial de Porto Alegre, na rua Andrade Neves nº 40, que vieram ao Rio a negócios, no vapor *Desterro*. A alegação para a recusa da venda das passagens era de que eles eram árabes e sírios. A resposta que receberam da direção da Companhia, quando a esta recorreram, foi que estava obedecendo às ordens das autoridades brasileiras. As passagens só foram vendidas pela interferência direta do Chefe de Polícia, Correia Dutra, que providenciou um salvo-conduto para que eles regressassem.[14]

Com relação aos árabes, havia nesse período uma competição entre os comerciantes das lojas instaladas no centro da cidade e os vendedores ambulantes, árabes, que desfilavam com seus porta-miçangas. Entre esses vendedores havia a presença de mulheres, as "turcas", que muitas vezes recebiam, dos donos das lojas, baldes de água em suas mercadorias e nelas próprias, deixando-as "encharcadas" o resto do dia.

Com o intuito de neutralizar essa tendência contra os imigrantes, alguns jornais foram fundados, como *O Estrangeiro, L'Operario Italiano,* mas é principalmente a imprensa anarquista que está sempre a chamar a atenção dos trabalhadores no sentido de que o inimigo comum deles é o Estado, o capital e os patrões, e que os males de que sofrem não advêm dos imigrantes "tão miseráveis e famintos como os nacionais". A uma denúncia formulada por operários e mestres que trabalhavam na ilha do Viana, nos depósitos de carvão da Companhia Lage e Irmãos, de que trabalhavam de seis da manhã às sete horas da noite e só recebiam 3$000, por causa da "vinda do estrangeiro, de gente ignorante e miserável", o jornal anarquista *A Guerra Social* responde que "estes operários devem ter em conta que se se acham em tão tristes condições a culpa é dos mesmos e não dos infelizes famintos que por falta de meios e de conhecimentos se vêem na necessidade de vender os seus esforços por uma miséria", e conclama à união para a luta contra essa situação.[15]

Ainda no final do século, *O Estrangeiro,* jornal que defende os imigrantes e se refere à necessidade de imigração do elemento europeu para a economia do Brasil, declara-se pasmo ao ouvir nas ruas as palavras de ordem de "morte aos portugueses" e "fora aos estrangeiros". Considerava ainda mais absurdo que essas atitudes atingissem até o Congresso Nacional e afirmava: "os órgãos da soberania nacional apóiam a imigração do elemento europeu: uma parte do povo não o quer; mas o hostiliza, o odeia, o persegue". E apela para o artigo 90 do Código Penal que exprime-se nos seguintes termos: "Cometer sem ordem ou autorização do governo hostilidades contra os súditos de outra nação, de maneira que se comprometa a paz ou se provoquem represálias, a pena de prisão é de dois anos ou quatro anos", e cita ainda o artigo 119: "É proibido ajuntarem-se mais de três pessoas em lugar público, com o desígnio de se ajudarem mutuamente, para por meio de motins, tumultos ou assuada: 1) cometer algum crime; 2) privar ou impedir alguém o gozo ou exercício de algum direito ou dever; 3) exercer algum ato de ódio ou desprezo contra qualquer cidadão; a pena de prisão é de um a três meses". E, acrescenta, "por que não se cumpre a lei?"[16] No entanto, o Estado não se posicionava de forma clara em defesa da mão-de-obra imigrante; não encontramos uma notícia de punição pelos abusos cometidos contra os trabalhadores estrangeiros.

Mais difícil ainda era a problemática enfrentada pelos trabalhadores de cor, recém-saídos da escravidão. Estes eram preteridos nas fábricas e em vários outros locais de trabalho por serem negros, sem "patrícios" que pudessem ser solidários a eles. Chegavam da zona rural e obtinham sempre os piores trabalhos na estiva, no porto, onde não necessitavam de qualificação profissional. Estavam sempre ameaçados de perder o emprego pelo simples fato de serem negros, mesmo que fossem competentes. Muitas vezes, o fato de estar qualificado para o trabalho e exercer o ofício com competência dificultava a saída, mas não a impedia. Não se pode esquecer que grande quantidade de escravos foi treinada para escravo de ganho, sendo hábeis artesãos, excelentes músicos. A fábrica de tecidos Confiança, em Vila Isabel, expulsou os seus operários de cor, tendo a preocupação de não expulsar aqueles que mesmo sendo negros não podiam ser substituídos na Banda de Música. *A Voz do Trabalhador* ao denunciar esse fato transcreve um apelo aos que ficaram, para que "desistissem desta sociedade".[17] Essas atitudes racistas contra os operários de cor, numa sociedade recém-saída da escravidão, espalhou-se também entre os trabalhadores. Estes trabalhadores convivem com colegas negros no mundo do trabalho, nos mesmos bairros residenciais, utilizam os mesmos transportes, têm problemas comuns, mas algumas vezes manifestam atitudes racistas nos momentos de lazer. Em Vila Isabel, no Clube dos Tarrachos, uma operária negra, ao entrar no baile organizado por outras moças, foi convidada a retirar-se por "não ser bastante clara para misturar-se com as demais".[18]

Os trabalhadores negros, sem uma qualificação profissional, encontravam trabalho na estiva, como carregadores de fardos, nas pedreiras, onde carregavam as pedras nos ombros, e são parte considerável dos "desocupados" que se aglomeram no largo do Rocio, nos botecos próximos do acesso aos morros. Algumas vezes, ganhavam "trocados" com exibição de jogos de capoeira, no bairro da Saúde, altas horas da noite, em locais não conhecidos da polícia.

## *O Mundo do Trabalho: Controle, Ação e Repressão*

Ao disciplinar o trabalho para a extração da mais-valia absoluta, torná-lo mais racional e lucrativo, os patrões e as empresas procuravam aumentar e controlar as horas da jornada de trabalho que iam de 10 a 18 horas, sem repouso semanal remunerado na maioria das categorias profissionais, situação que provocava implicações as mais diversas na vida social e cultural dos trabalhadores.

O trabalho, segundo Marx,[19] é o processo onde participam o homem e a natureza. O homem nele participa pela ação raciocinada. É por essa ação raciocinada que o trabalho humano se distingue do trabalho instintivo dos animais. O trabalho humano transforma a natureza em seu benefício e para atender às suas necessidades, mas, para que isso ocorra, é pensado, raciocinado e planejado. Nesse processo, transformador da natureza, o homem também transforma sua própria natureza. Mas o trabalho humano não só transforma o material sobre o qual opera, mas imprime nesse material o projeto que foi antes pensado, "o qual constitui a lei determinante do seu modo de operar e ao qual tem de subordinar sua vontade", Marx.[20]

O processo de trabalho, ainda segundo Marx, é iniciado quando o empregador, possuidor de uma unidade de capital, investe uma parte desta em salário para ampliá-lo. Embora iniciado esse processo para criar valores úteis, tornou-se um processo para a expansão do capital, estabelecendo o lucro. O processo de trabalho, portanto, é estruturado e controlado para propiciar a acumulação de capital. O funcionamento do processo de trabalho necessita de elementos que são adquiridos no mercado, quais sejam os meios de produção e a força de trabalho. O trabalhador vende sua força de trabalho no mercado, como mercadoria, em troca de meios de subsistência necessários a reproduzir a força de trabalho. Agora já não trabalha para si, mas para o dono do capital. Desse modo, o trabalhador trabalha sob o controle do capitalista, pois é a este que pertence seu trabalho e o produto de seu trabalho. Pela força de trabalho, foi pago pelo capitalista o valor diário, passando ela a lhe pertencer e dela podendo fazer uso durante toda a jornada diária de trabalho, embora a manutenção quotidiana de força de trabalho custe apenas uma parte dessa jornada de trabalho. A outra parte da jornada é utilizada pelo capitalista, sem pagamento, ou seja, produzindo trabalho excedente ou mais-valia. Portanto, a jornada de trabalho, ainda segundo Marx,[21] não é uma grandeza constante, mas variável. Está composta de duas partes, uma determinada pelo tempo de trabalho necessário à reprodução da força de trabalho do próprio trabalhador, a outra o trabalho excedente ou mais-valia. Daí que o capitalista, ao comprar a força de trabalho, que passa a lhe pertencer durante a jornada de trabalho, procura aumentar ao máximo o trabalho excedente. Tornou-se a partir daí de fundamental importância para o capital o controle do processo de trabalho, seja nas oficinas ou não. O controle de tempo dos trabalhadores extrapola mesmo a jornada de trabalho, penetrando nos recantos de suas vidas privadas.

Através da imprensa operária, percebe-se como, nessa fase de formação da classe trabalhadora do Rio de Janeiro, a relação capital e trabalho é permeada de relações pessoais onde a figura do patrão está presente e/ou é representada pelo gerente ou mestre na tarefa de controlar o processo de produção nas manufaturas, nas pedreiras, nas carpintarias, na construção civil, nas oficinas, etc. Esses gerentes ou mestres-gerais estão imbuídos de uma personalidade do antigo feitor de escravos. Exercem, com a função de fiscal, um forte autoritarismo, que muitas vezes transforma-se em violências físicas e apelações à ação policial, sempre pronta a intervir em defesa do capital. Algumas vezes, os gerentes exorbitam de suas funções administrativas e infligem castigos corporais aos trabalhadores e qualquer reação manifestada por parte desses pode resultar em violências policiais e até em prisões. Entre os vários casos denunciados, podemos citar o ocorrido com o operário Sérgio na Fábrica Aliança, que por dirigir gracejos a uma companheira de trabalho foi barbaramente espancado e ao tentar reagir foi entregue à polícia, ficando retido 24 horas.[22] *A Voz do Trabalhador* denuncia ainda que na Fábrica de Tecidos Carioca, o mestre-geral esperava a hora da entrada dos operários para apertar com a porta o operário que entrasse por último, mesmo que fosse mulher ou criança.[23] Havia normas rígidas de comportamento impostas aos trabalhadores no sentido de impedir que se desviassem da produção. A essas atitudes de controle, os trabalhadores reagiam de várias formas. Comumente paralisavam o trabalho e/ou quebravam os instrumentos de trabalho.

Os operários da fábrica de sapatos da Companhia Brasileira de Calçados justificavam a paralisação do trabalho pelos seguintes motivos: "nas fábricas de calçados a vapor, é de praxe entregar as obras às 6 horas da tarde dos dias de sábado, porém nesta companhia só se entrega às 4 horas, passando por ordem do gerente para 1 hora da tarde e finalmente para às 8 horas da manhã". O gerente recusou-se a receber os trabalhos às 3 da tarde, declarando que o pagamento só seria feito na segunda-feira e como os operários reclamassem chamou a polícia.[24] Ora, se o pagamento era feito a partir das peças produzidas, quanto mais antecipasse o recebimento destas, mais o trabalhador tinha que aumentar a sua produção.

Não era sem razão que os trabalhadores que alcançavam os cargos de gerentes e de mestres recebiam salários mais elevados e gratificações. Nas grandes fábricas de tecidos, alguns chegavam a receber de gratificação, no final do ano, um conto de réis.[25] Havia, portanto, nessas condições, aqueles operários que se aproximavam dos gerentes em busca de melhorias e eram sempre denunciados pelos companheiros de trabalho. Por não haver uma legislação trabalhista, as atitudes desses gerentes ou mestres são causadoras do agravamento das péssimas condições dentro do mundo do trabalho. Por essa razão, muitas vezes os operários dirigem sua revolta contra o gerente ou mesmo contra a fábrica, quebrando as máquinas, sem atinar para o problema mais amplo proveniente das relações de produção. Há inúmeras notícias de quebras de máquinas, e as explicações para o fato estão sempre voltadas contra o gerente.

A ação dos gerentes sobre os operários assumia vários aspectos de dominação e violência. Numa tecelagem onde a água fornecida aos operários não "servia" para beber, por ser colocada em uma caixa por meio de uma bomba manual, os operários pagavam 1$500 mensais a uma pessoa para encher moringas particulares da água existente em uma mina nas dependências da fábrica, na sala dos massoreiros. O mestre obrigou-os a utilizar a água da caixa contaminada e suspendeu do trabalho aqueles que reclamaram.[26]

Os gerentes tentavam "abusar" das mulheres operárias com tentativas de sedução. As denúncias a esse respeito são carregadas de revolta — e afirmavam que esses "abusos", quando repelidos, provocavam represálias por parte dos gerentes e, em conseqüência, havia revoltas e greves dos operários. Na Fábrica de Tecidos Confiança uma operária casada foi demitida sob o pretexto de entrar sempre depois do ponto, "sendo tudo uma escandalosa mentira; sindicando-se, soube-se que fora demitida porque o gerente tentou contra sua honra e seu esposo o repreendera, foram ambos demitidos". Por esse motivo foi decretada uma greve na fábrica. O jornal acrescenta:

> A lei do país é muda para nós, em seu lugar mandam-nos soldados e canhões, como se fôssemos salteadores! Fecham-se as portas das oficinas, arrancam-nos o pão, dão-nos sede, ameaçam a honra de nossas esposas e filhos, e a lei é muda, as autoridades do país se esquecem que os operários são seus iguais, que os vestem e lhes fornecem o pão.
>
> Quando fazemos a greve, quando reagimos contra tantas misérias, vem o soldado garantir o capital, leva-nos para a Casa de Correção, enquanto o patrão sedutor é mantido pela lei, pelas autoridades, que se curvam submissas ante esses exploradores de todas as espécies.
>
> Ah! se tivéssemos a lei, se tivéssemos a justiça. Seríamos a Guarda Avançada da Lei e da Justiça, que por certo não jazeriam amordaçadas para nós, para nosso direito, sendo, como são francos e leais para os burgueses, para o capital.
>
> Somos honrados. Abaixo a especulação.
>
> Pedimos água, nos dão fel, pedimos justiça, reclamam o nosso di-

> reito e a nossa liberdade e dão-nos balas, as frias prisões e os hospitais, enquanto nossas esposas e filhos pedem pão e liberdade.
>
> Ah não... Meteram-nos entre a faca e a parede, assim temos por que nos dão, o direito de gritar aos quatro ventos: Companheiros (ilegível). Não há justiça, nem liberdade. [27]

O jornal anarquista *A Guerra Social,* referindo-se a esses ajudantes dos patrões, comentava: "nós nada estranhamos. Muitas vezes, o são mais terríveis dos sujeitos que por uma artimanha ou traição se viraram em mandões que aqueles que nasceram explorando",[28] dando dessa forma uma explicação sociopolítica ao fato.

Uma das questões mais dolorosas e que provocou as lutas mais árduas e difíceis foi aquela que diz respeito à jornada de trabalho, onde o controle se manifestava mais violentamente. Sobre essa luta, todos os jornais operários posicionavam-se, faziam apelos, ofereciam denúncias, sugestões, visando minorar a situação das diversas categorias profissionais.

Em 1890, o jornal *A Voz do Povo* traz uma reclamação dos operários do Arsenal de Guerra a respeito do seu horário de trabalho.[29] Os trabalhadores tinham uma jornada diária de trabalho fixada pelo patrão, que variava de 10 a 18 horas. Várias categorias de trabalho não tinham repouso semanal, nem feriados, como gozavam os funcionários públicos. Mas, mesmo na Imprensa Oficial, havia reivindicações dos operários pela eqüidade com outras oficinas do Estado, pois cada oficina tinha o seu próprio regulamento. Havia ainda, agravando essa situação, um controle rígido sobre a entrada e a saída do local de trabalho, levando a que se um operário entrasse uma ou duas vezes com atraso de dois minutos perdesse o salário de todo o dia. Nas fábricas de tecidos, os operários que faltassem ao trabalho, mesmo que por motivos de doença, perdiam o direito de utilizar os teares, e esses eram entregues a outro trabalhador. No Arsenal de Marinha, constantemente denunciado nos diversos jornais, a entrada dos operários era feita às 6 e meia da manhã, passando por dois portões. Se acontecesse que o percurso do primeiro para o segundo portão, que levava três minutos para ser cumprido, se desse com um minuto de atraso, este segundo portão era fechado e os soldados "calavam as baionetas" para os operários, numa demonstração da rigidez e da violência nos locais de trabalho. Havia veemente apelo para que os operários pudessem entrar às sete horas da manhã. O apelo era dirigido ao Ministro da Marinha — a quem o jornal explicava que não queria subverter a ordem, mas levar ao conhecimento do Ministro uma realidade que ele certamente desconhecia.[30] Os empregados da Estrada de Ferro Central do Brasil começavam a trabalhar às 6 horas da manhã, indo até às 5 horas da tarde.[31] Das categorias de trabalho, a mais explorada parecia ser a dos comerciários. Trabalhava todos os dias numa jornada de trabalho que se estendia até às 7 horas da noite. Dentre eles, os ajudantes de padaria trabalhavam até 18 horas por dia. Dezoito horas por dia também trabalhavam os empregados de hotéis, dos restaurantes, dos bares e dos botequins.[32]

Os comerciários criaram um bissemanário, *O Caixeiro,* jornal recreativo e literário em 1900. Nele destacavam-se as discussões que se estabeleceram em defesa do fechamento das portas das casas comerciais e das boticas aos domingos. Lamentava que essas medidas não recebessem o apoio de todos os ramos do comércio e comentava:

> O empregado que vive dias, meses agarrado a um balcão nas lutas quotidianas, que vive para o trabalho, que não estuda, não goza, não investiga, torna-se moroso, quebrantado, imperfeito no trabalho e nulo enfim, a digressão é a vida movimentada, repleta de lutas e de gozo, o trabalho é conforto da alma, o prazer, o bálsamo do coração. [33]

Esse jornal, além da discussão constante pela redução e regulamentação do horário de trabalho, chamava a atenção da Saúde Pública para a falta de higiene nas casas comerciais. Alguns operários desse ramo dormiam em seus locais de trabalho, muitas vezes embaixo do balcão, entre sacos de farinha e outras matérias-primas. A campanha pelo fechamento das "portas" do comércio aos domingos e feriados é constante em todos os números dos jornais e se intensificava a partir de 1906. Os proprietários das lojas comerciais são acusados de explorar e utilizar os seus empregados "em mandados e serviços em casa dos patrões" e de levar pesos na cabeça.[34] Discutia-se a possibilidade de se deflagrar uma greve dos caixeiros pelo fechamento das portas às 7 horas da noite.

Os linotipistas e tipógrafos estão permanentemente chamando a atenção para a exploração de que são vítimas. Na Imprensa Nacional, o trabalho principiava às 8 horas e terminava às 4 horas da tarde, quando a sesta "era das 4 às 6 horas, regulando meio dia de vencimento e, quando havia serão, das 6 às 10 horas da noite, contando um dia de vencimento". No Diário Oficial, no entanto, o corpo tipográfico entrava às 5 horas da tarde e só depois de terminado o serviço (manhã do dia seguinte) é que tinha direito de sair. O compositor tinha que voltar à oficina para trabalhar de noite, sem nenhum rendimento a mais.[35] Em 1909, a situação dessa categoria profissional ainda era desesperadora, principalmente porque a introdução de linotipos nas folhas diárias contribuiu para que muitos ficassem sem trabalho. As tipografias que tiveram condições de comprar linotipos passaram a explorar ainda mais os operários. Assim exigiam uma tarefa de composição de 150 a 160 linhas, o que demandava de 5 a 6 horas de trabalho noturno e isto se os originais a serem publicados fossem entregues seguidamente. O salário era de 8$500, e os operários eram obrigados ao uso de gravatas, o que encarecia os seus gastos com o vestuário.[36]

Não havendo regulamentação a respeito do horário de trabalho, os mestres ou gerentes decidiam sobre a questão. Na Fundição Federal do Mangue, o mestre obrigava os operários a permanecerem até às 8 horas da noite.[37] Na Fundição Americana, os operários, sob pena de perderem o emprego, trabalhavam aos domingos e feriados.[38] Como havia uma oferta de mão-de-obra considerável, os trabalhadores submetiam-se ao trabalho durante todos os dias, mesmo aos sábados e domingos.

Os empregados dos bondes tinham uma jornada de trabalho que começava de madrugada e ia até altas horas da noite.[39] A companhia de bondes também trazia os seus trabalhadores em regime de controle sistemático, impondo, inclusive, quando da morte de um de seus diretores, que os funcionários usassem uma tarja preta como sinal de luto. Um empregado da companhia que recusou-se a usar a tarja foi demitido.

Em algumas fábricas de tecidos, a situação não é muito diferente, e a jornada era em torno de 11 a 12 horas. Na Fábrica Rink, os trabalhadores entravam às 6 horas da manhã e só saíam em torno de 5 horas da tarde.[40] As mulheres e crianças tinham sua jornada de trabalho maior porque exerciam as tarefas de limpeza após a jornada, considerada normal de trabalho. A luta pela redução da jornada de trabalho dava-se em todos os ramos e se intensificou no início do século. Mas só lentamente conseguia sensibilizar alguns patrões. De todos os jornais lidos, só encontramos uma notícia a esse respeito: a Marmoraria Berna reduziu para 8 horas a jornada de trabalho dos seus trabalhadores.[41] Houve um recrudescimento dessa luta depois do 1º Congresso Operário, em 1906, que aprovou como uma de suas resoluções a luta pela redução da jornada de trabalho e a proposta para que fosse fixada esta em 8 horas. A partir daí, o movimento operário programou e fez algumas greves.

Como resultado da luta, em 1911, na Câmara Federal e no Conselho Municipal, o Coronel Leite Ribeiro e o Dr. Luciano Nascimento, respectivamente, apresentaram projetos sobre o fechamento das casas de comércio, limitando as horas de trabalho dos operários. No Instituto dos Advogados, o Dr. Deodato Maria apresentou um projeto regulamentando o trabalho do menor e da mulher.[42] Em outubro, o Conselho Municipal posicionava-se favoravelmente à regulamentação da jornada de trabalho.[43]

Os trabalhadores do Arsenal de Marinha, que era ligado ao Ministério da Marinha, estão sempre denunciando os maus-tratos a que são submetidos. Desde a intransigência com relação ao horário de trabalho (qualquer atraso, de um a dois minutos, os operários perdiam um dia de salário) até os baixos salários que recebiam. Os operários com 28 anos de serviço ainda ganhavam diárias de 4$500. Havia uma solicitação ao Ministro da Marinha. Eduardo Wandenkolk, para equiparar os salários, pois às vezes uma "única classe tem dois salários diferentes como acontecia na oficina de construção de calafates". Afirmava-se também que, no Arsenal, não se estava contando o trabalho extraordinário, chamado "sestas", das 4 às 6 horas da tarde que correspondia a meio dia de trabalho. Inclusive aumentou-se a duração do tempo de trabalho para até 6 1/2, continuando a se pagar apenas por mais meia hora de trabalho, ou seja, uma terça parte mais de trabalho. Nos diques, calculava-se a "paga" dos operários sobre a base de dia e meio pelo trabalho feito até às 4 horas, mas o governo só pagava sobre a base de um dia. O jornal acrescentava:

> Ao calcular o trabalho como se faz no Arsenal, deve-se tomar em consideração o fato de que esse trabalho é de natureza singelamente arriscada para a vida e inteireza física dos operários e conseqüentemente a remuneração devia estar mais em conformidade com a natureza especial desse trabalho. Tem havido casos em que os cabos das pranchas estão podres e deteriorados, que arrebentam, precipitando os operários de grandes alturas.

Os operários não recebiam indenização alguma. Na corveta *Niterói,* oito a dez homens foram precipitados de grandes alturas por ter-se arrebentado um cabo, ficando alguns "extraordinariamente danificados, sem receberem, entretanto, nenhuma recompensa por terem sido feridos em serviço do Estado". É interessante observar que nas oficinas do Arsenal de Marinha algumas categorias profissionais, como a dos carpinteiros navais, trabalhavam com suas próprias ferramentas, o que causava-lhes grandes prejuízos, quando estas caíam no mar. Estes ganhavam 5$000. e a maioria dos instrumentos custava "1$ para cima".

Nessa situação, pediram um aumento salarial e decidiram só trabalhar se fossem atendidos. Essa exigência levou os mestres a apelarem para a força policial para promover a manutenção da ordem. Em seguida, os mestres das diversas oficinas do Arsenal de Marinha fizeram um pacto, estabelecendo que aquele que cedesse às exigências dos trabalhadores pagaria uma multa de 1 conto de réis.[44] Ainda com relação ao Arsenal de Marinha, havia situações em que as condições dos trabalhadores se complicavam e eram mais duras, como a daqueles que trabalhavam nas ilhas do litoral do Rio de Janeiro. O Arsenal ocupava-se do transporte e só ia buscá-los no final da jornada de trabalho, com grande atraso. Ao denunciarem a situação, os operários alegavam que quando chegavam com um minuto de atraso perdiam o dia de trabalho.[45] Em maio desse ano — 1890 — houve um grande desastre no Arsenal de Marinha e afirmou-se que o desastre teria sido evitado se tivessem sido tomadas as precauções pedidas pelos trabalhadores. Na ocasião em que a velha barca destinada ao transporte dos operários da ilha das Cobras para o Arsenal atracava na ponte Patrão-Mor, chocou-se no *Almirante Tamandaré*. Um operário que trabalhava na tolda foi projetado no porão. Na ilha das Cobras, o atendimento aos operários era péssimo. Os trabalhadores ficavam isolados, e o portão que dava acesso à saída ficava fechado com cadeado. Um operário, ferido na oficina de ferreiros da construção naval, não foi socorrido por não ter quem abrisse o portão que separava os diques do caminho que poderia levá-lo ao Hospital da Marinha.[46] Essa situação dos trabalhadores do Arsenal de Marinha ainda era considerada satisfatória pelos trabalhadores do Arsenal de Guerra, que se sentiam mais oprimidos e estavam sempre apelando para que lhes fosse dispensado tratamento semelhante, no que diz respeito ao horário de trabalho.[47]

A respeito do trabalho nas ilhas, João do Rio[48] refere-se à situação dos trabalhadores nas pedreiras:

> É uma espécie de gente essa que serve às descargas do carvão e do minério e para as ilhas industriais da baía, seres embrutecidos, apanhados a dedo, incapazes de ter idéias. São quase todos portugueses e espanhóis, que chegam da aldeia, ingênuos. Alguns saltam da proa dos navios para o saveiro do trabalho tremendo, outros aparecem pela Marítima sem o que fazer e são arrebanhados pelos agentes. Só têm um instinto: juntar dinheiro, a ambição voraz que os arrebenta de encontro às pedras inutilmente. Uma vez apanhado pelo mecanismo de aços, ferros e carne humana, uma vez utensílio

> apropriado ao andamento da máquina, tornam-se autômatos com a teimosia de objetos movidos a vapor. Não têm nervos, não têm molas, não têm cérebros, têm músculos hipertrofiados.

Nas pedreiras, na periferia do Distrito Federal, as condições também eram vexatórias, não havia carros para transportar as peças, sendo essa tarefa executada nos ombros dos trabalhadores, contratados por gerentes. Esse trabalho aviltante era, ainda, pago com atraso, levando até dois meses para efetuar-se o pagamento, como ocorria na pedreira situada à rua Alice, em Laranjeiras.[49]

Nas tecelagens, o quotidiano dos trabalhadores não era menos vexatório. Algumas fábricas forneciam produtos alimentícios aos trabalhadores por preços altíssimos, descontados dos parcos salários, demonstrando com isso que retiravam deles duas formas de lucro, o do trabalho não-pago, quando da realização da mais-valia, e vendendo artigos, para sua subsistência, por preços mais altos que no comércio local. Essa forma de exploração não se dava só nas tecelagens, outras empresas também agiam da mesma maneira. Algumas vezes, a pressão tornava-se insuportável para os trabalhadores, e estes reagiam. A empreiteira que construiu o trecho da estrada Muniz Freire ao Engenho Novo fornecia alimentos a preços tão absurdos que os trabalhadores revoltaram-se e destruíram o armazém de fornecimento.[50]

Para se ter uma idéia das exigências da dominação e controle sobre os tecelões, transcrevemos alguns artigos do Regulamento da Companhia Confiança Industrial:

> Artigo 16: de 1.º de outubro a 31 de março o trabalho começará às 6 horas da manhã e terminará às 5 horas da tarde, sendo a hora do almoço a mesma. Todos os operários devem estar presentes ao toque da sineta.
>
> Artigo 20: Qualquer operário da Fábrica que infringir as disposições deste Regulamento sofrerá a multa de 1/4 até 2 dias de jornal, conforme a gravidade da falta; aquele porém que causar algum prejuízo pagará o valor do mesmo.[51]

Esse mesmo jornal, em um artigo sobre a tecelagem no Rio de Janeiro, denuncia os sofrimentos dos trabalhadores nesse ramo, provocados pelos baixos salários, que os deixam quase em situação de miséria. Ganham de 2$000 a 2$500 réis e descontam as multas a que estão sujeitos. Algumas fábricas descontavam 2% para médico, e não pagavam os dias que os trabalhadores chegavam atrasados.[52]

A cobrança de multas ou até mesmo o não-pagamento do salário, se houvesse redução na produção, ou se esta caísse de qualidade em seu padrão, eram motivos de permanente desacordo entre os patrões e trabalhadores. As tabelas de pagamentos eram decididas entre comissões de trabalhadores e de patrões e algumas vezes o acordo era firmado na presença do Chefe de Polícia, garantindo o cumprimento do mesmo. Essa prática demonstra claramente a presença do Estado como mediador entre operários e patrões. Na maioria das vezes o não-cumprimento da tabela levava à intervenção da polícia em defesa dos patrões, provocando revoltas, quebras e destruição dos teares. Essa intervenção policial era explicada como "em defesa da ordem". Em todas as notícias de destruição de máquinas, os jornais se referem ao fato de que essa atitude era resultado e represália pelo não-cumprimento de pagamento, e nunca eram reivindicatórias. Nas fábricas de Andaraí e Bonfim, descontavam-se do operário 10 réis por cada metro de tecido de certa qualidade, mas a reação dos operários da Bonfim impediu que essa cobrança continuasse. A resistência desses operários manifestou-se em greve, culminando com a quebra dos teares.[53] Essa greve obteve uma vitória parcial na medida em que voltou a tabela antiga, mas houve demissões de vários operários. Os tecidos que apresentassem defeitos, mesmo que fossem resultado da qualidade de matéria-prima ou dos teares e que por isso dessem prejuízo, eram debitados aos trabalhadores e descontados em suas folhas de pagamento. Outros motivos que causavam acidentes e revoltas eram as péssimas condições dos teares das fábricas. As denúncias falam do estado das lançadeiras dos teares que saltam constantemente, machucando os operários, tendo "vazado a vista de um operário" na Fábrica de Tecidos Corcovado, e prosseguia: "quantas cabeças quebradas, sangue na boca motivados por pancadas nos peitos quase que diariamente". Ironicamente, o jornal comenta que nessa fábrica houve uma grande confraternização pela época do Natal, quando o gerente, o Sr. Cruz, falou ao representante do Centro Protetor dos Operários, Sr. José H. Costa: "estes operários, eu os considero tanto como se eles fossem meus filhos".[54]

As greves são localizadas nas fábricas onde a pressão e a exploração chegavam a seu ponto máximo, levando os trabalhadores a uma situação limite, insuportável. Os jornais operários, no início do século, alertavam as autoridades e os patrões sobre esse limite a que estavam submetidos os trabalhadores, "vítimas da exploração, podendo chegar à grande agitação". Denunciava-se que havia um "grande assalto à bolsa dos trabalhadores", por causa das multas, e que estas eram provenientes da atitude de "companheiros traidores que servem de polícia secreta para a fábrica e também para vigiar a fábrica de cacete em punho, algozes perfeitos dos tecelões". Nessa fábrica, era admitido um vale de 40 réis, pela companhia, que os dava até o valor de 20 réis para efetuarem compras na cooperativa, vales esses que um dos contramestres comprava dos trabalhadores com abatimento de 5 réis.[55]

Em Vila Isabel, os tecelões da Fábrica Confiança queixavam-se de que fora ferido o regulamento "que retirava os teares de quem faltava 20 dias, agora bastava faltar 2 dias, mesmo com relação aos mestres".[56]

Grande também era o número de fábricas de sapato. Os artesãos sapateiros recebiam por peças produzidas, que eram entregues semanalmente. Alguns artesãos levavam os seus instrumentos de trabalho, numa relação de trabalho existente nas manufaturas como as descreve Maurice Dobb, naturalmente em outro processo histórico.[57] Mas as máquinas a vapor já começavam a ser introduzidas.

A categoria dos sapateiros criou uma associação, a União de Artistas e Sapateiros, que oferecia uma diária de 2$000 ao sócio desempregado, procurando logo colocação para este. No caso de prisão, a União tratava de conseguir a sua liberdade e, em caso de morte, pagava uma pensão semanal de 20$000. No início do século, uma greve de sapateiros chegou a contar com 20.000 operários paralisados. E, nesse momento, o jornal apela para que a polícia não coloque seus soldados contra os operários.[58] Os proprietários da fábrica de sapatos à rua do Hospício 158 não pagavam a tabela de preços que fora aceita em acordo com os sapateiros. Criaram entre si uma sociedade secreta e um sapateiro ao transferir-se de uma fábrica para outra levava em seu cartão um sinal secreto, só conhecido pelos proprietários. Essa prática possibilitava que os trabalhadores que reivindicavam ou envolviam-se nas lutas em defesa de seus direitos não conseguissem empregos.[59]

Uma das reclamações mais constantes dos trabalhadores era o atraso em seus pagamentos, e até mesmo a falta de pagamentos.

Não havia um salário fixo estabelecido. Os acordos de trabalho eram feitos nas empresas mais organizadas entre os patrões e os trabalhadores com a presença do Estado através do Chefe de Polícia. As empresas menores decidiam e impunham através de gerentes. Os trabalhadores no serviço de encaminhamento de água do Rio d'Ouro reclamavam em setembro que desde julho não recebiam os vencimentos extraordinários que lhes pertenciam. Afirmavam que viviam uma situação tão difícil que: "nem os vendeiros e quitandas lhes fiam".[60] Na Fábrica de Tecidos de Lã Tijuca, houve uma redução dos salários dos tecelões, e estes ao protestarem foram esbordoados e só escaparam da prisão pela intervenção do próprio sargento do destacamento, que interveio e os deteve em "sala livre". Os operários não puderam voltar à Tijuca, foram revistados e ameaçados por soldados da polícia. Os mais visados tiveram que dormir em casa de seus companheiros.[61]

A União dos Chapeleiros assumiu a discussão e a luta pela falta de pagamento dos salários dos operários da Fábrica de Chapéus de São Cristóvão, do Sr. Júlio Lima, que, ao receber as justas reclamações dos operários, traz operários de São Paulo para substituí-los. A União apelou a esses trabalhadores paulistas para que retornassem a São Paulo. O fato desse apelo ter alcançado algum resultado provocou por parte da Fábrica a chamada da polícia, sob o protesto de que os operários "tinham atacado um bonde para matar o gerente".[62] Percebemos que, à medida que os trabalhadores identificam-se numa luta comum, reclamando por seus direitos, a repressão dentro e fora da fábrica tornava-se mais visível e direta. Já não é só o gerente, mas este conta com a força do Estado, pela sua polícia, que se coloca ao seu lado na luta para inibir e reprimir a luta dos trabalhadores. Na Estrada de Ferro Central do Brasil, criou-se uma situação que bem mostrou a dominação, o controle, as limitações que se impunham aos trabalhadores. Um operário que tinha bebido foi impedido de viajar de trem para Piedade, mesmo estando em companhia de um filho menor e tendo-se oferecido um passageiro médico para responsabilizar-se por eles, já que ia para a mesma estação.[63] A repressão aos trabalhadores era tão violenta que na Estrada de Ferro Central do Brasil, nas oficinas de Todos os Santos, havia uma prisão para os seus empregados. A essa denúncia que o jornal relata, com explicações e quase a desculpar-se o Dr. Eugênio de Melo esclareceu em resposta que "existe uma casa ao lado, desocupada, que sofreu ligeiros reparos para receber um posto policial que se pretendia transferir de Todos os Santos para ali".[64] Essa situação bem demonstra a íntima ligação entre a polícia e os patrões na dominação e controle sobre os trabalhadores.

Na greve dos estivadores, em 1903, a polícia insultou os operários e estes apelaram ao Chefe de Polícia, Dr. Cardoso, para punir essas "autoridades perversas". Alguns operários foram arrancados de suas casas, "e até do seu leito, por pontas de baionetas, e obrigados a trabalhar, outros foram chicoteados nas prisões e espingardeados na praça pública".[65]

Na Companhia de Gás, os operários fizeram algumas reclamações e exigiram a demissão "de um tal Bilart, algoz, terrível chefe". Não foram atendidos, embora tivessem recebido promessas de sua substituição. Ao exigirem o cumprimento da palavra dada diante do Chefe de Polícia e da Comissão do Centro das Classes, ao qual estavam ligados esses trabalhadores, tiveram a invasão da polícia na Fábrica de Gás, "esbofeteando, esfaqueando e metendo no quadrado grande número de operários, a fim de obrigá-los a trabalhar".[66]

Os patrões tentavam de várias formas intervir na conduta política dos trabalhadores, criando obstáculos e proibindo a livre associação. Isso ficava bem demonstrado na Fábrica Aliança, em Laranjeiras, que não permitia que seus empregados "pertencessem a nenhuma associação".[67] Essa mesma fábrica pressionava para que os seus empregados não comprassem *A Gazeta Operária*, proibindo inclusive a sua venda nos arredores.[68] Os trabalhadores denunciavam que foram obrigados a assinar um papel, sem conhecer o conteúdo deste, contra o jornal *A Gazeta de Notícia*, que fizera denúncias das condições de trabalho nessa fábrica enviadas ao *A Gazeta Operária*.[69]

Outra forma de violência contra os trabalhadores mais atuantes era perpetrada pela polícia, prendendo em "ato de flagrante vadiagem" aqueles que estavam em greve, ou na lista negra dos patrões, como fazia o inspetor da 4ª Delegacia, Joaquim Duarte Correia.[70] A dominação sobre o operário, cerceando sua liberdade, dava-se em todos os níveis. O operário João Luis Dutra, do Lóide Brasileiro, com quinze anos de trabalho, foi demitido pelo simples fato de ter-se recusado a homenagear o Sr. Betris, um dos diretores.[71] Em situação de maior conflito, os praças da polícia eram colocados nas fábricas "com carabinas embaladas" frente a operários desarmados.[72]

## *As Moradias dos Trabalhadores*

A dominação e o controle sobre o trabalho pelo capital extrapolavam os limites do trabalho. Algumas fábricas programavam para os domingos atividades com os operários, como celebração de missas e conferências. Essa era, sem dúvida, a forma de penetrar em suas vidas, dirigir seu lazer, estar presente, mesmo nos momentos em que os trabalhadores necessitavam manter suas relações de parentesco e vizinhança. Essa invasão do espaço pelos patrões na vida dos trabalhadores tentou completar-se com a construção de suas residências nos limites da fábrica.

As grandes demolições autorizadas pela Prefeitura, intensifificadas em 1903, desabrigaram as populações pobres que tiveram de se afastar do centro da cidade e muitas vezes dos seus locais de trabalho. Dessa forma, os trabalhadores sofreram duas formas de violência, a segregação, quando foram deslocados das proximidades de seus locais de trabalho, e o controle, quando das construções de vilas operárias integradas às fábricas. Além dos bairros residenciais nos subúrbios, em cima dos morros de difícil acesso, em locais afastados e dispersos, os trabalhadores começavam a se instalar ao redor da fábrica. Ao tentar disciplinar e tornar a vida do trabalhador como um apêndice da fábrica, construíram as suas moradias em locais próximos e sob controle direto do capital. Essas casas construídas pelas fábricas eram alugadas por preços nem sempre baixos. Os moradores não tinham liberdade de entrar e sair a qualquer hora e não podiam receber visitas sem a prévia autorização da fábrica. Havia ainda o monopólio da venda de alguns produtos, como o carvão, combustível para as cozinhas que só podia ser vendido por um fornecedor autorizado pela fábrica. Qualquer distúrbio que houvesse, ou qualquer ocorrência que fosse considerada atentado à moral, o acusado era expulso da fábrica.[73] Por isso, os trabalhadores não podiam promover festas ou receber amigos sem a prévia autorização da fábrica. Na vila da Fábrica Cruzeiro, não havia água.[74]

Em 1908, o jornal *A Voz do Trabalhador*, referindo-se às péssimas condições das moradias dos trabalhadores, afirmava:

> Dizem os jornais que o Sr. Prefeito do Distrito Federal já assinou o contrato de arrendamento das casas dos operários, que o seu antecessor fizera construir. *
>
> Completa-se, assim, o tacão da bota em que essa história de casas operárias deu. A bota começou por aquela detestável arquitetura que escolheram e que transformará aquele bairro, dentro de alguns

* Provavelmente Pereira Passos que, após a demolição dos cortiços e das chamadas "cabeças-de-porco", moradias coletivas, iniciou a construção de casas populares.

> anos, no mais indecoroso do Rio de Janeiro. Logo mais se transformará em grandes cortiços. O operário paga o aluguel, a taxa sanitária; logo mais elas serão alugadas a funcionários públicos e a gentinha da polícia.[75]

As casas mesmo sendo construídas para os operários, por não terem estes as condições materiais para sua manutenção, passavam-nas adiante para os funcionários públicos e da polícia.

## *A Questão Sanitária*

Dentro ou fora do trabalho, o nível de vida dos trabalhadores era precário. No que se refere à saúde e alimentação, havia o mínimo suportável de atendimentos de suas necessidades básicas, visando à reposição de sua força de trabalho. O problema de falta da água é permanente, tanto no trabalho como em suas habitações. As condições de higiene no trabalho estão sempre em evidência nas denúncias, em todas as modalidades do trabalho. Desde a promiscuidade existente nas fábricas de tecidos, de sapatos, de chapéus, nas tipografias, nas pedreiras, nas padarias, até nos dormitórios dos caixeiros das lojas comerciais e cafés. Algumas fábricas tinham médico e farmácia que atendiam aos operários e eram pagos por estes. A imprensa operária transcreve[76] um boletim sanitário publicado no jornal *A Nação*, correspondente à semana de 7 a 13 de dezembro de 1903, retratando a mortalidade média do Rio de Janeiro de 51, 57 óbitos diários contra 53, 14 da semana anterior. O total de falecimentos foi de 361, sendo 212 homens e 149 mulheres. As moléstias são:

| | |
|---|---|
| Tuberculose | 62 |
| Aparelho Digestivo | 47 |
| Aparelho Circulatório | 34 |
| Sistema Nervoso | 36 |
| Varíola | 26 |
| Peste Bubônica | 21 |

No mesmo período houve 244 nascimentos e realizaram-se 75 casamentos.[77] A tuberculose era uma das doenças mais temidas e a ela referem-se os chapeleiros, que se sentem ameaçados e sujeitos a contraí-la, pelas condições "do abafado" em que trabalham, e os linotipistas, que trabalham à noite "em grande promiscuidade". Estes afirmavam que a tuberculose os atacava porque ficavam acordados até 2 horas da madrugada. Propõem aos proprietários dos jornais que higienizem as oficinas, "que os assoalhos sejam lavados uma vez por mês" e afirmam ainda "que são imprescindíveis o uso de escarradeiras, abundância de água e ventilação".[78]

As condições de higiene dentro das fábricas e oficinas são precárias e põem em risco a saúde dos trabalhadores. Estes chegavam ao trabalho quase sempre ao amanhecer do dia. Durante a permanência no local de trabalho, não tinham um espaço físico onde pudessem guardar seus alimentos e na hora da refeição são proibidos de utilizarem as fornalhas para esquentá-los, exceto os mestres e seus protegidos.[79] Os operários têm meia hora para o almoço, que era na base do "almoço de assobio", isto é, um sanduíche de pão e queijo. Se traziam refeições de casa, na hora destinada ao almoço percebiam que estavam fermentadas porque chegavam com uma antecedência de 15 horas. O Partido Operário, liderado por Luís França, colocou no seu programa a dilatação do tempo para o almoço e propôs que a entrada fosse às 7 horas da manhã, quando se daria o primeiro ponto, o segundo ponto sendo às 11 horas. Às 10 horas almoçariam, o segundo turno começaria às 11 horas e iria até 3,30 e 4 horas, quando se daria a saída geral.[80] Em 1903, o jornal *Brasil Operário* defende a jornada de trabalho de 8 horas, lembrando que em 1902 o Congresso Central União dos Operários do Brasil enviou à Câmara mensagem nesse sentido, "apresentada pelo Deputado Sr. Dr. Sampaio Ferraz e foi adiada para a Legislatura vindoura, isto é, no corrente ano".[81]

Constantemente, há apelos feitos pelos jornais operários à Inspetoria de Higiene, como o do Clube Protetor dos Chapeleiros, categoria numerosa que contava com uma forte associação e um jornal. O apelo era no sentido de transferir as fábricas de chapéus para fora do centro populoso da cidade, de acordo com a resolução do código da capital. Essa transferência amenizaria o sofrimento da

> classe que trabalha em estação calmosa, como a que atravessamos, rodeada de diversas moléstias, próprias da quadra, ao trabalhar ao pé de grandes máquinas movidas a vapor, em espaço acanhadíssimo, sem nenhuma entrada para o ar e mesmo sem luz do dia, aglomerados assim os operários em pleno contato uns com os outros, porque as atuais fábricas de chapéus, todas edificadas em ruas estreitas e em edifícios pequenos e impróprios, não têm espaço para distância dos mesmos operários; o vapor que move os maquinismos e espaço um dos outros e finalmente, não podendo ventilar as suas oficinas, porque estão rodeados de outros edifícios que não permitem, por exemplo, abertura de janelas e outras medidas de pura higiene.[82]

Os jornais operários discutiram pouco a questão da vacina obrigatória, mas posicionavam-se contrários.

Dentro do processo de modernização, o Estado, ao enfrentar a questão da saúde da força de trabalho necessária ao capital, procurava soluções adequadas, mas sem levar em conta a forma de aplicação dessas soluções. Sem a preocupação de saber o que pensava a população, sem uma resposta à campanha de esclarecimentos, age de forma arbitrária, de cima para baixo, numa demonstração de força bem típica de uma sociedade habituada a tomar decisões não discutidas previamente. A resposta da população foi a criação da Liga contra a Vacinação. Em novembro de 1904, realizaram-se várias reuniões e *meetings* contra a aplicação da vacina obrigatória. A população da cidade dividiu-se. O Centro das Classes Operárias realizou uma reunião popular para a criação de uma liga contra todos os atos oriundos do decreto legislativo que estabelecia a obrigatoriedade da vacinação. Participaram desse ato o Senador Lauro Sodré, o Dr. Vicente de Souza * e outras figuras

* O Dr. Vicente de Souza foi um dos fundadores do Partido Operário; algumas vezes, é acusado por alguns jornais operários de ser um intruso e representante da burguesia no seio dos operários.

importantes da oposição. O Senador Lauro Sodré aconselhou o povo a resistir "dentro da lei ou mesmo fora dela, porque é atentatório à liberdade individual".[83] No dia 13 de novembro, houve um *meeting* no largo de São Francisco de Paula que resultou em um confronto entre a população e a polícia, quando um popular gritou "abaixo a vacina obrigatória". As escaramuças espalharam-se pela rua do Ouvidor e praça Tiradentes, quando a multidão gritava a célebre expressão "não pode".[84]

Os libertários participaram da campanha contra a vacina obrigatória e a interferência autoritária do Estado, e assim se posicionou o *Avante,* fazendo coro com a voz do povo que se levanta para condenar um projeto de lei que vem ferir as suas liberdades, registra em suas colunas um protesto contra a vacina obrigatória.[85]

A respeito da expressão "não pode", Luís Edmundo[86] esclarece que esse foi o brado de rebeldia da população do Rio de Janeiro, nesse período, contra todas as arbitrariedades sofridas. Essa foi também a palavra de ordem, quando os quiosques foram postos abaixo, sob o pretexto de serem anti-higiênicos e enfearem a cidade. Para os jornais operários, os quiosques eram vistos como uma sorte. Havia sessenta quiosques espalhados na Avenida. Cinco deles contornando o Teatro Municipal, onde os freqüentadores "tomavam a caninha" a caminho de casa, três na porta do Supremo Tribunal, cinco na Escola de Belas-Artes e 43 na Avenida Central entre os combustores da iluminação.[87] Os quiosques eram pequenos coretos de madeira, fechados, onde serviam-se bebidas e pequenos lanches no centro da cidade aos trabalhadores por baixos preços. Eram em sua maioria alocados por portugueses. Quando a Prefeitura mandou retirar os quiosques da cidade, o jornal *A Voz do Povo* comentou que a retirada dos quiosques foi uma medida louvável, porque estes não beneficiavam as ruas e prejudicavam o asseio e a higiene. "Porém, apesar de antiestético era bom para os pobres, principalmente os carregadores e jornaleiros onde tomavam uma caneca de café com bolacha por dois vinténs." Termina a notícia pedindo providências para a instalação de botequins que "ofereçam possibilidade de alimentos econômicos para os pobres".[88]

## O Trabalho das Mulheres e das Crianças

A relação de dominação sobre os operários é exercida de várias formas, através do controle imposto, do desrespeito, das humilhações e vexames a que eram submetidos. Verificamos, quando estudamos as condições de vida nesse período, que, dentro das camadas subalternas, as mulheres e as crianças são os que são mais humilhados e explorados. Ocupavam as funções secundárias, as mais perigosas, e recebiam sempre menores salários que os operários do sexo masculino. Embora ainda predominasse o trabalho doméstico, ou fossem serviçais domésticas, as mulheres já trabavam em fábricas e oficinas em número considerável. Em 1902, *A Gazeta Operária* comentou que, no Rio de Janeiro, nas horas matinais em que o trabalho desperta

> entre seis e oito horas da manhã quem percorrer a prolongada linha que deriva entre Catumbi e o largo do Paço, se tiver olhos de ver, notará a grande quantidade de moças e crianças que se encaminham à fábrica à conquista do pão indispensável, ao trabalho. [89]

Já em 1908, somente a Fábrica Cruzeiro, no Andaraí, onde havia mais de mil operários, o número de homens não chegava a 500, sendo o restante mulheres e crianças.[90] Embora absorvendo esse novo contingente no trabalho, as fábricas não inovaram ou adaptaram o seu espaço físico para recebê-lo. Assim é que as péssimas condições de trabalho que lhes eram oferecidas eram vistas e denunciadas pelos jornais operários como promíscuas. Invocava-se como exemplo a situação de uma fábrica de chapéus em São Cristóvão onde operários tinham que trocar de roupa "fora da fábrica", ficando quase nus em barracão à distância de alguns metros, pois "nem mesmo chovendo demais, fraca cobertura podem fazer, são causas de muita constipação e outras enfermidades". Nessa denúncia afirmava-se a presença de muitas mulheres nas mesmas condições. E acrescentava à denúncia: "esta é a moral e higiene prometida pelos industriais".[91] No jornal *Echo Popular*, há um apelo para que as fábricas de chapéus melhorem as suas condições de higiene e denuncia-se que estas eram

> consumidoras de tantas vidas, que vão diariamente perdendo o vigor, extinguindo-se lentamente a existência pela acumulação de diversas moléstias adquiridas em meio tão infeccioso, emprega-se número muito superior a mil operários e, entre estes, conta-se com grande número de mulheres e crianças, jovens, que procuram trabalho honrado e lícitos meios de subsistência, mas que, se não velarem pela saúde dessa classe, principalmente desses entes na flor dos anos, em breve serão inutilizados de ganhar o pão cotidiano, como já tem acontecido até hoje a grande número de membros dessa classe.[92]

A força de trabalho da mulher é comprada por um preço bem inferior à força de trabalho masculina. Em 1903, havia um depoimento no *Brasil Operário* de que, numa família de marido, mulher e dois filhos, o

> chefe ganha termo médio 3$000 por dia, trabalha 26 dias e recebe, portanto, no final de cada mês 78$000. Paga pelo aluguel da casa que é sempre da fábrica, 60$000, resta-lhe 18$000 para pagar médico e botica que o patrão lhe impõe e os prejuízos do estrago dos panos e outras multas. Faz a mulher trabalhar e os filhos. Estes, muitas vezes, antes de entrarem para a escola, com 9 anos. A mulher ganhava por média 2$500 por dia. O filho mais velho de 12 anos a 14 anos de 1$ a 1$500, o de 9 anos 200 a 500 réis.[93]

Com relação às crianças que são jogadas no mundo do trabalho, antes mesmo de entrarem na escola, tinham, como vimos acima, uma baixa remuneração e uma jornada de trabalho semelhante à do adulto. Em algumas fábricas de tecidos, o serão vai até às 9h30min. da noite e as crianças trabalhavam mais de 1/2 hora sem remuneração.[94] Em 1911, nas fábricas de tecelagem, as crianças entravam no trabalho entre 5 e 6 horas da manhã e se retiravam às 6 horas da tarde.[95] Nesse período, convém salientar que o Conselho do Instituto dos Advogados do Brasil discutia um Projeto de Lei sobre a regulamentação do trabalho da mulher e da criança, em que no seu artigo 1º diz que, "não serão admitidos, em nenhuma classe de trabalho, menores de ambos os sexos que não tenham atingido a idade de 10 anos". O artigo 2º limitava a jornada de trabalho para menores de 14 anos a 6 horas. Estabelecia ainda que à mulher seriam vedados o trabalho aos domingos à noite, a limpeza de motores em movimento, aparelhos de transmissão e outras máquinas consideradas perigosas.[96] Determinados trabalhos, como o da limpeza das máquinas, eram entregues de preferência às crianças e executados com as máquinas em movimento, ocasionando por qualquer descuido acidentes terríveis. Na Fábrica de Tecidos Confiança, a menina Maria Teixeira, de 13 anos, perdeu as mãos ao limpar uma máquina em movimento, como era costume.[97]

Embora em condições de trabalho tão duras e desiguais, a mulher é vista como um elemento frágil, mesmo pelos companheiros de trabalho. Estes tinham a esse respeito a mesma concepção de outras classes sociais. No entanto, pela leitura dos jornais, a mulher marcou sua presença, embora nem sempre organizada, nas lutas políticas no período e, quando da resistência ao sorteio militar, teve uma atuação destacada, chegando mesmo a destruir um centro de alistamento militar, rasgando as listas. Atuava nos Centros Sociais, arrecadava fundos para a instalação de escolas e centros. Era freqüentemente vítima de propostas indecorosas dos gerentes e de gracejos dos companheiros de trabalho.

## *A Participação Política dos Trabalhadores*

A questão da participação política dos trabalhadores remete a uma questão primordial, qual seja a da definição conceitual de categorias e/ou afirmações, tais como participação política dos trabalhadores. Quando empregamos a categoria política levamos em conta não somente seu conteúdo etimológico, referindo-se a tudo que diz respeito à Pólis, mas também pela relação que mantém com o que diz respeito ao poder do Estado. Nesse sentido, definimos como participação política dos trabalhadores o posicionamento que de ideológico passa a uma ação organizada com relação a outros grupos sociais dominados ou afins, com relação aos grupos dominantes e com relação ao governo e ao Estado. Destacamos como trabalhadores a massa que está sendo incorporada ao processo de produção, no sentido que Marx definiu para a Inglaterra no século XIX.

> O domínio do capital criou para essa massa uma situação comum, interesses comuns. Assim, pois, essa massa já é uma classe relativamente ao capital, mas ainda não é uma classe para si. Na luta, da qual não assinalamos mais que algumas fases, essa massa se une, constituindo-se uma classe em si. Os interesses que defende converteram-se em interesses de classe. Mas a luta de classe contra classe é uma luta política.[98]

No Rio de Janeiro, nesse período, os trabalhadores desenvolveram uma intensa atividade política organizativa em associações por categoria de trabalho, com a finalidade de reivindicar melhores salários, melhores condições de trabalho e principalmente pelo direito ao trabalho. Nesse contexto, assumiram uma postura clara de luta política. As associações assistenciais existentes sofreram uma transformação qualitativa e passaram à ação política quando se posicionaram contra o Estado e reivindicando reformas da sociedade. Vivia-se um clima de insatisfação, de tensão permanente frente às medidas modernizadoras que impunham freqüentes transtornos aos setores populares. Era o Estado, através de suas instituições, que garantia e impunha essas medidas. É visível no movimento de resistência dos trabalhadores, nesse período, formas de contestação espontâneas, impregnadas de traços culturais que davam uma feição nova à cidade. Era comum que muitas das refregas no largo de São Francisco começassem com uma convocação aos comerciários, trabalhadores e à população flutuante do Centro da cidade, sem que se soubesse quem estava convocando. Os estudantes desempenharam um papel importante nessas convocações. No final da tarde, começava a aglomeração, a princípio com um número reduzido e depois chegando a até cinco mil pessoas. Os transeuntes iam aproximando-se. Era um clima de pilhérias e brincadeiras. Mais tarde, da multidão gritava-se uma palavra de ordem, por exemplo, "abaixo a vacina obrigatória" ou "abaixo o sorteio militar", ou "não pode". Era o início do enfrentamento com a polícia que tinha o seu quartel no largo do Rocio, hoje praça Tiradentes, terminando com prisões, pancadarias, violências.

Foram criados vários partidos operários no Distrito Federal. Nesse sentido, havia uma forte disputa entre as lideranças operárias e figuras oriundas de outros grupos sociais que procuravam organizar partidos operários, jornais e engajar os trabalhadores nas eleições do período republicano. Esses partidos eram reformistas, apoiavam candidatos que julgavam defender os interesses operários e pregavam a negociação com os patrões e o Estado. O primeiro Partido Operário foi liderado por Gustavo Lacerda, de tendência socialista, que editava o jornal *A Voz do Povo*; o segundo Partido Operário foi fundado e dirigido por Luís França e Silva que editava o jornal *Echo Popular*. A criação do Partido Socialista (houve vários que não vingaram) teve a participação de Vicente de Souza, médico, nascido na Bahia e militante político no Rio de Janeiro, e do advogado Antônio Evaristo de Morais.

No jornal *Echo Popular*, órgão do Partido Operário, há um chamamento para que os operários alistem-se para participarem nas eleições e garantam um representante no parlamento. Ao mesmo tempo, denunciava que o Sr. Tenente Vinhaes estava convocando os operários para uma reunião onde seria criado um partido operário e que este não era operário e portanto nada tinha a ver com questões operárias.[99] O Tenente Vinhaes chegou a assumir forte liderança em outro Partido Operário, e tinha sua base política entre os servidores civis e os funcionários da Estrada de Ferro Central do Brasil. Exercia uma política de aliança com o Governo de Deodoro da Fonseca. O apelo, ainda, para participar das eleições, era feito aos trabalhadores pelo jornal *A Voz do Povo*, no sentido de eleger um representante do Partido Operário para representar os trabalhadores na Constituinte.[100] Esses apelos encontravam-se em todos os jornais que antecederam as eleições. Esse Partido Operário foi criado pelo médico Dr. Vicente de Souza.

Os jornais operários também apelavam aos trabalhadores para que se associassem em suas categorias e formassem organizações por categoria, o que vai ocorrendo ao longo desses primeiros anos da República. O jornal *Brasil Operário* lamentava e repudiava os senhores Dr. Vicente de Souza e o Tenente Vinhaes por falarem em nome dos operários porque eram burgueses.[101]

Radicalmente oposta é a posição dos jornais anarquistas que não aceitavam a participação política dos trabalhadores em partidos políticos que visavam, segundo eles, a subida ao poder da burguesia, que só aparecia aos operários nos períodos de eleição.[102]

## *A Questão do Lazer*

Em relação ao lazer, aparentemente, os jornais operários não apresentam muitas informações a respeito das alternativas de que dispunham os trabalhadores nos raros momentos em que poderiam se dedicar ao lazer. Levando-se em conta a heterogeneidade da composição social dos trabalhadores do Rio de Janeiro, assim como a conjuntura que a implantação capitalista provocava, as formas de lazer eram múltiplas e variadas; ou se expressavam com clareza ou se escondiam das normas impostas pela "nova ordem". Percebe-se que os patrões estavam atentos e tentavam estender o controle sobre o trabalhador e intervir em seu comportamento. Nesse sentido, algumas fábricas organizavam jogos de futebol, promoviam atos religiosos (missas), direcionando e intervindo nas formas de comportamento e de distrações dos trabalhadores. Os anarquistas percebiam e denunciavam o que se escondia por trás dessas atitudes dos patrões. Alertavam os trabalhadores para não se deixarem envolver por "essas manobras" que visavam impedir que eles se organizassem como classe. Prosseguiam, oferecendo como alternativa a participação nos Centros Sociais, onde se promoviam palestras, conferências, discussões sobre assuntos de interesse dos trabalhadores. Nos jornais operários, a presença constante de anúncios e convites para espetáculos teatrais, assim como críticas e comentários sobre as peças em cartaz, significava que havia um interesse maior por esse tipo de recreação. Mas é o movimento libertário que vai difundir, concretamente, o teatro no meio operário com a encenação de peças interpretadas por operários. (Estas peças, escritas por libertários, inspiravam-se em fatos reais (greves), tinham como objetivo conscientizar e politizar os trabalhadores a respeito dos problemas econômicos, sociais e políticos. Nos convites chamava-se atenção para a grande apoteose final.) Era maciça a presença de populares nas festas religiosas das igrejas da Penha e da Glória, onde armavam-se barracas para a venda de bebidas e comidas (roletas de cana, fubá, laranja), onde trocavam-se informações, onde os negros faziam batucadas com instrumentos de percussão, onde dançava-se a roda de pernadas (capoeira). Essas festas chegaram a ser proibidas, em nome da *ordem,* sob o pretexto de que terminavam em arruaças e pancadarias. Mesmo assim a capoeira continuou sendo executada, mas agora às escondidas da polícia. Vários infratores foram deportados para o Norte do Brasil. Durante o Carnaval havia duas formas de participação. Através de ranchos, nascidos como sociedades recreativas, onde tomavam parte os trabalhadores "empregados de fábrica e pequenos burocratas", e os "mais pobres" que brincavam o Carnaval em cordões desorganizados, batuques e capoeiras.[103]

Os bailes eram freqüentes e os convites para as conferências e palestras nas associações de trabalhadores prometiam um encerramento com um "baile familiar".

O hábito de freqüentarem as tabernas e botecos, onde batucavam, jogavam carteado e se embriagavam, era comum. Os libertários condenavam essas práticas, "tão perniciosas quanto a religião" e responsabilizavam esse comportamento pela alienação reinante entre os trabalhadores a respeito de seus problemas e pela ausência destes nas lutas. Registra-se a advertência constante dos jornais operários, para que os trabalhadores "larguem dos botequins e da embriaguez". Os libertários fundaram várias escolas para os trabalhadores e suas famílias, como alternativa. Apelavam para que se trocasse o "copo pelo livro".

A prática religiosa demonstra o sincretismo existente entre os trabalhadores. Estavam presentes nos rituais das religiões afros, assim como assistiam com o mesmo fervor aos atos litúrgicos das igrejas católicas.

## NOTAS

1. Marglin, Stephen, in André Gorz, org., *Crítica da divisão do trabalho,* São Paulo, Martins Fontes, 1980.
2. Foucault, Michel, *Microfísica do poder,* 2ª ed., Rio de Janeiro, Graal, 1981.
3. Petrone, Maria Tereza S., *Imigração,* in História geral da civilização brasileira, RJ, Difel, 1977, tomo III, vol. 2, pp. 93-133.
4. *O Jacobino,* RJ, outubro de 1894.
5. *Echo Popular,* RJ, 9 de julho de 1890.
6. *Voz do Povo,* RJ, 9 de janeiro de 1890.
7. *O Jacobino,* RJ, 8 de dezembro de 1894.
8. *O Jacobino,* RJ, 1 de agosto de 1896.
9. *O Jacobino,* RJ, 5 de setembro de 1896.
10. *O Jacobino,* RJ, 1 de dezembro de 1896.
11. *O Jacobino,* RJ, 27 de outubro de 1894.
12. *O Jacobino,* RJ 27 de outubro de 1894.
13. *O Jacobino,* RJ, 5 de setembro de 1896.
14. *O Estrangeiro,* RJ, n.º 13, 1894.
15. *A Guerra Social,* RJ, 20 de agosto de 1911.
16. *O Estrangeiro,* RJ, 22 de outubro de 1894.
17. *A Voz do Trabalhador,* RJ, agosto de 1908.
18. *A Voz do Trabalhador,* RJ, maio de 1909.
19. Marx, Karl, *O capital,* 2ª ed., Rio de Janeiro, Ed. Civilização Brasileira S.A., 1971, Livro 1, vols. 1 e 2, pp. 201-202.
20. Marx, Karl, *id.,* p. 202.
21. *Id., ibidem.*
22. *A Voz do Trabalhador,* RJ, agosto de 1908.
23. *A Voz do Trabalhador,* RJ, agosto de 1908.
24. *Trabalho e Direito,* RJ, 10 de outubro de 1891.
25. *Brasil Operário,* RJ, 1 de junho de 1903.
26. *Gazeta Operária,* RJ, 2 de novembro de 1902.
27. *Brasil Operário,* RJ, 2ª quinzena de julho de 1903.
28. *A Guerra Social,* RJ, 29 de julho de 1911.
29. *A Voz do Povo,* RJ, dezembro de 1890.
30. *Echo Popular,* RJ, 1 de abril de 1890.
31. *A União,* RJ, abril de 1890.
32. *A Guerra Social,* RJ, 29 de junho de 1911.

33. *O Caixeiro,* RJ, 5 de maio de 1899.
34. *O Corsário,* RJ, 25 e 26 de novembro de 1903.
35. *Echo Popular,* RJ, 5 de junho de 1890.
36. *O Componedor,* RJ, 3 de maio de 1909.
37. *A Gazeta Operária,* RJ, 14 de dezembro de 1902.
38. *A Gazeta Operária,* RJ, 1 de fevereiro de 1902.
39. *A Gazeta Operária,* RJ, 1 de dezembro de 1906.
40. *A Voz do Trabalhador,* RJ, 3 de agosto de 1909.
41. *O Artista,* RJ, junho de 1905.
42. *A Semana,* RJ, 30 de julho de 1911.
43. *A Guerra Social,* RJ, 15 de outubro de 1911.
44. *Echo Popular,* RJ, 17 de abril de 1890.
45. *Echo Popular,* RJ, 17 de abril de 1890.
46. *Echo Popular,* RJ, 24 de maio de 1890.
47. *A Voz do Povo,* RJ, 06 de janeiro de 1890.
48. *João do Rio,* in João Carlos Rodrigues, *História da gente alegre,* Rio de Janeiro, José Olympio, 1981, p. 17.
49. *A Voz do Trabalhador,* RJ, 15 de agosto de 1908.
50. *A Voz do Trabalhador,* RJ, data ilegível.
51. *Echo Popular,* RJ, 8 de abril de 1890
52. *Echo Popular,* RJ, 17 de abril de 1890.
53. *Brasil Operário,* RJ, 16 de julho de 1903.
54. *Brasil Operário,* RJ, 16 de julho de 1903.
55. *Brasil Operário,* RJ, 2ª quinzena de julho de 1909.
56. *A Voz do Trabalhador,* RJ, 3 de agosto de 1909.
57. Dobb, Maurice, *Estudios sobre el desarrollo del capitalismo,* 4ª edição, Argentina, 1974, pp. 310-311.
58. *Brasil Operário,* RJ, 2ª quinzena de agosto de 1903.
59. *Brasil Operário,* RJ, 2ª quinzena de setembro de 1903.
60. *O Mensageiro,* RJ, setembro de 1899.
61. *A Gazeta Operária,* RJ, 18 de novembro de 1903.
62. *A Gazeta Operária,* RJ, 15 de fevereiro de 1903.
63. *A Gazeta Operária,* RJ, 28 de fevereiro de 1906.
64. *Echo Popular,* RJ, 15 de março de 1890.
65. *Brasil Operário,* RJ, 1ª quinzena de setembro de 1903.
66. *Brasil Operário,* RJ, 1ª quinzena de outubro de 1903.
67. *A Gazeta Operária,* RJ, 19 de outubro de 1902.
68. *A Gazeta Operária,* RJ, 26 de outubro de 1902.
69. *A Gazeta Operária,* RJ, 2 de novembro de 1902.
70. *A Nação,* RJ, 15 de dezembro de 1903.
71. *O Artista,* RJ, junho de 1905.
72. *A Voz do Trabalhador,* RJ, 22 de novembro de 1908.
73. *A Gazeta Operária,* RJ, 2 de novembro de 1902.
74. *A Gazeta Operária,* RJ, 9 de novembro de 1902.
75. *A Voz do Trabalhador,* RJ, 22 de novembro de 1908.
76. *A Gazeta Operária,* RJ, 1 de fevereiro de 1903.
77. *A Nação,* RJ, 16 de dezembro de 1903.

78. *Brasil Operário,* RJ, 1ª quinzena de setembro de 1903.
79. *Echo Popular,* RJ, 1 de março de 1890.
80. *Echo Popular,* RJ, 22 de março de 1890.
81. *Brasil Operário,* RJ, 2ª quinzena de julho de 1903.
82. *Echo Popular,* RJ, 22 de março de 1890.
83. *O País,* RJ, 6 de novembro de 1904.
84. *O País,* RJ, 14 de novembro de 1904.
85. *Avante,* RJ, 7 de agosto de 1904.
86. Edmundo, Luís, *O Rio de Janeiro do meu tempo,* RJ, Imprensa Nacional, 1939, vol. 1, p. 109.
87. *O Internacional,* RJ, 1.º de maio de 1911.
88. *A Voz do Povo,* RJ, 12 de novembro de 1911.
89. *A Gazeta Operária,* RJ, 28 de dezembro de 1902.
90. *A Voz do Trabalhador,* RJ, 22 de novembro de 1908.
91. *A Voz do Trabalhador,* RJ, 22 de novembro de 1908.
92. *Echo Popular,* RJ, 22 de março de 1890.
93. *Brasil Operário,* RJ, 16 de junho de 1903.
94. *Gazeta Operária,* RJ, 16 de novembro de 1902.
95. *A Semana,* 30 de julho de 1911.
96. *A Semana,* RJ, 30 de julho de 1911.
97. *A Voz do Trabalhador,* RJ, 3 de agosto de 1909.
98. Marx, Karl, *A miséria da filosofia,* SP, Grijalbo, 1976, p. 164.
99. *Echo Popular,* RJ, 11 de março de 1890.
100. *A Voz do Povo,* RJ, 6 de janeiro de 1890.
101. *Brasil Operário,* RJ, 2ª quinzena de julho de 1903.
102. *A Voz do Trabalhador,* RJ, 22 de novembro de 1908.
103. Danelli, Natale Vieira, *História da música popular brasileira,* São Paulo, Abril Cultural, 1979.

capítulo 3

# As Propostas Anarquistas

*O belo foi aprender a não se saciar*
*Da tristeza nem da alegria,*
*Esperar o talvez de uma última gota,*
*Pedir mais ao mel e às trevas.*

PABLO NERUDA

Embora existissem outras formas de associações de trabalhadores no Rio de Janeiro, as associações predominantes eram mutualistas. Essas associações promoviam o socorro mútuo em caso de doença, ajuda pecuniária na velhice, ajuda nos acidentes e ajuda para os funerais. Excluíam qualquer vínculo com os patrões, com o Estado e com a Igreja. Sua origem remonta às primeiras formas de organização do movimento operário europeu, da metade do século XIX, inspirado no projeto do socialismo utópico de Proudhon. Essa forma de organização sob a influência do movimento anarquista foi sendo superada pelas Associações de Resistência e as Ligas Operárias, quando, a partir dos anos 60 do século XIX, os trabalhadores europeus assumiram novas formas de luta.

A fundação da Internacional Trabalhista em 1864, em Londres, onde as idéias socialistas, anarquistas, reformistas, fervilhavam, onde a luta ideológica e das diferentes táticas para a revolução social se travavam, possibilitou intensamente a divulgação das idéias em questão. Das correntes que participaram da I Internacional, duas se destacaram e tiveram mais repercussão, a do "socialismo libertário" e a do "socialismo autoritário", esta defendida por Marx. Os marxistas defendiam a organização política para a transformação do proletariado numa classe governante, a formação do Estado do proletariado, embora transitório. Os socialistas libertários defendiam a organização espontânea dos trabalhadores de acordo com suas ocupações e tinham como principal defensor o líder Bakunin. No final do século XIX, dentro do processo de luta, surgiu no movimento anarquista uma nova forma de atuação com a criação das uniões livres de sindicatos. Nascia o anarco-sindicalismo, que preconizava a utilização dos sindicatos para a luta pela mudança da sociedade, através da greve geral. Neste sentido, os sindicatos deixavam de ser apenas instrumentos da luta por melhorias salariais, mas, durante a revolução, administrariam os meios de produção e também formariam a infraestrutura da nova sociedade.[1] Essa corrente foi a mais atuante e influente no Rio de Janeiro. Definia o sindicato como meio a ser utilizado na luta contra o poder do Estado, do capital e da Igreja.

As primeiras manifestações de enfrentamento no Distrito Federal, na virada do século XX, foram espontâneas, uma forma de reação dos trabalhadores frente à superexploração imposta pelo capital e às arbitrariedades que o Estado em defesa da *ordem* impunha. Reagiam, quase sempre individualmente, contra o alvo mais próximo, o gerente, o capataz, o contramestre, os meios de produção, os bens públicos. Esse momento histórico de enfrentamento leva a uma mudança na visão de mundo dos trabalhadores onde a atuação política é importante para se assumir uma postura ativa frente à opressão e à exploração que assumira a organização social do trabalho. Há um clima de dominação e opressão que permeia todos os setores da sociedade. É o sorteio militar que apavora as famílias; as deportações que o Estado promove dos elementos considerados inadequados à nova ordem que se instala com a *modernização* (como ocorreu com os capoeiristas e outros); a perseguição às religiões populares (umbanda), as desapropriações e demolições das habitações da população; as medidas sanitárias consideradas convenientes e impostas arbitrariamente, etc. Nesse contexto autoritário, a circulação das idéias e práticas anarquistas, vivenciadas por importantes militantes espanhóis, italianos e portugueses que imigraram para o Brasil, traziam aos trabalhadores, com as palavras contundentes de Proudhon, "a propriedade é um roubo", a proposta de luta contra o Estado, o militarismo, a Igreja e contra o capital. A doutrina anarquista espalha a crença da possibilidade de transformação violenta e súbita da sociedade com uma confiança na racionalidade dos homens e na possibilidade de aperfeiçoamento destes.

Ao chamamento contra a autoridade não podiam ficar indiferentes setores que estavam identificando os responsáveis pela forma dramática de sua existência, sem nenhuma perspectiva de mudança. Os libertários nos transportes, no dia-a-dia de trabalho, nos momentos da "parada para o almoço", apontavam aos companheiros as diversas formas de resistência que poderiam assumir frente aos patrões. Na linha do anarco-sindicalismo, apontavam a necessidade da criação de sindicatos por categoria e da utilização dos já existentes. Propunham como resistência e formas de luta a ação direta, como a sabotagem, o boicote, a greve parcial e, finalmente, a greve geral que seria capaz de, por si só, derrotar o Estado industrializante e realizar, a partir daí, a abolição da propriedade. Faziam crer que as mudanças sociais e econômicas deveriam preceder a qualquer reforma política. A grande questão era a discussão entre capital e trabalho, e não a questão relativa às formas constitucionais e instituições políticas.

Esse grupo social, os trabalhadores, oriundos do campo em sua maior parte, sem o hábito de participação na política, tem as condições de acatar e entender as propostas anarquistas, assim como parte considerável de pequenos burocratas, funcionários das repartições públicas, dos escritórios, e de intelectuais das camadas médias urbanas. Todavia, é importante registrar, as idéias libertárias não foram as únicas influentes no período, mas foram as que obtiveram maior receptividade na cidade.

A divulgação das idéias libertárias era feita de forma sistemática: durante o trabalho, nos transportes coletivos, na utilização da imprensa operária, nos centros de estudos, organizados com essa finalidade, onde faziam-se palestras, conferências, teatros e em fundação de escolas para adultos e crianças. Como adeptos do anarco-sindicalismo, assumem a luta dentro dos sindicatos, onde existe autonomia individual dos seus membros, sem diferenciar bases e direção. Condenavam a centralização e consideravam o sindicato um órgão de luta, não assistencial. Dessa forma, o anarco-sindicalismo não aceitava que os trabalhadores que participassem de forma mais permanente no sindicato fossem remunerados, pois o "dinheiro é corruptor". Os jornais libertários, os maiores instrumentos na luta, estão sempre convocando os trabalhadores para comparecerem aos centros, associações e agremiações, com a finalidade de ouvir palestras, conferências e cursos de estudos sociais, programados para eles. Nesses centros, os grupos de teatro livre, organizados, apresentavam peças escritas por intelectuais anarquistas, sobre problemas do quotidiano dos trabalhadores, com fim político de doutrinação. Atores eram retirados do meio dos trabalhadores. Contrários à organização de partidos políticos, os anarquistas agrupavam-se dentro dos sindicatos, nas associações e ligas operárias e utilizavam como principal veículo de divulgação de sua doutrina a imprensa operária. A preocupação de ampliar o número de leitores e conscientizar os operários levou os anarquistas a introduzirem as escolas racionais nos centros e sindicatos sob sua hegemonia. É essa imprensa anarquista a maior testemunha das propostas das formas de luta dos trabalhadores, nesse período, e depende, essa imprensa, da solidariedade, contribuição e subscrição dos trabalhadores. Essas subscrições eram enviadas à redação. Muitas vezes, eram assinadas por pseudônimos significativos como: um despatriado, um descamisado, um anarquista, um companheiro, um charuteiro, um revolucionário, *muerto de hambre,* etc.

*O Despertar* foi o primeiro jornal libertário do Distrito Federal e teve seu primeiro número circulando em 1 e 2 de novembro de 1898, nove anos após a libertação dos escravos. Sua sede era na rua Senador Pompeu 119 e tinha como principal redator José Sarmento Marques. Esse jornal anarquista propunha servir de instrumento capaz de preencher o vazio existente no meio dos trabalhadores para difundir as idéias libertárias e o movimento em torno dessas idéias. Nesse primeiro número, já propõe a criação de um Centro de Estudos, onde os trabalhadores tomassem conhecimento de seus direitos naturais, onde somariam suas energias na defesa desses direitos, promovendo assim uma aproximação dos que "lutam para destruir os sistemas de tirania, assim como atrair os que venham a simpatizar com essas idéias" (libertárias). A proposta da criação de um Centro de Estudos é uma constante no movimento libertário, tendo funcionado vários, expressando a preocupação e a tentativa dos libertários de que os trabalhadores dispersassem suas energias "em jogos de todas as classes", oferecendo o Centro como alternativa aos hábitos dos que freqüentavam as tabernas e a igreja.[2]

No editorial desse primeiro número, os libertários assumem-se como trabalhadores conscientes, que se consideram com direito à vida e, por isso, levantam a voz de protesto, que é a voz do oprimido, do fraco contra o forte. Denunciam a sociedade baseada no monopólio, na exploração do homem. E vêem nessa desigualdade a prova de todas as misérias. Há uma crítica a todas as formas de governo, monarquia e república, onde existem a riqueza, de um lado, e a miséria, do outro. "Uma classe que sem nada produzir dispõe de tudo, até da vida dos cidadãos, e outra, que carece de tudo, sendo ela a produtora." E continua: "Não existe nenhum governo que seja bom. Queremos o não-governo, isto é, a anarquia." E assim definia a anarquia:

> A anarquia não é a bomba, não é o punhal, não é a desordem, porém, também não é a tirania do sabre, da corrupção burguesa, a anarquia é um princípio da filosofia moderna, é o maior e mais belo ideal conhecido até hoje, sua base é a liberdade, a solidariedade, o amor e o carinho de todo ser humano, é por isso que queremos abolir o vil metal, estúpido médio circulante que tanto serve para comprar as mulheres como os homens.

Acreditando na bondade fundamental do homem, os anarquistas acreditavam também que, destruindo revolucionariamente as instituições que os corrompiam e os oprimiam, despontariam suas virtudes naturais.

## *A Questão do Estado*

Os jornais libertários acusam o Estado de trazer os privilégios e a miséria, violando os direitos, enquanto a religião viola as consciências. O Estado é agressivo no exterior e opressivo no interior. E afirmam que

> debaixo do pretexto de garantir a seguridade pública é continuamente espoliador e violento, debaixo do pretexto de manter a paz entre os cidadãos e os partidos, provoca a guerra civil e a guerra contra o estrangeiro.[3]

Por isso, um movimento para ser revolucionário teria que ser anarquista, pois teria que se apresentar como adversário de toda e qualquer forma de governo, adversário de todos os governos, porque o Estado é responsável pelo privilégio e pela miséria. Assim é que

> a anarquia que a história evoluciona, quando esgotada a vitalidade do Estado, quando cada vez mais fique demonstrada a contradição entre o poder central e a liberdade individual,

a abolição do Estado significa também derrotar a produção centralizada, dirigida por este. Os libertários vêem com clareza o poder do Estado, sua composição oligárquica e manifestam seu desagrado por esta ou qualquer outra instituição considerada autoritária, impondo normas, impedindo de alguma maneira a liberdade individual.

Em 1904, *O Libertário*, em seu editorial, comenta a inutilidade da existência do Estado, afirmando que os espíritos acostumados à escravidão, "do magistrado ao beleguim", preocupam-se com a existência das instituições governamentais e "imaginam não poder dar um passo sem o amparo de uma providência". Nesse editorial, o Estado é apresentado não somente como inútil, mas como nocivo. E o não-reconhecimento desse fato deve-se a interesses e a "um bando de vítimas de uma secular educação autoritária e religiosa". Refere-se ainda à organização de "um corpo de funcionários parasitas que se sentam à mesa do orçamento", à custa dos que trabalham e produzem. Os governantes, afirmam, "qualquer que seja sua tabuleta para a galeria, são solidários entre si e revezam-se no poder". Para isso mantêm "um pesado maquinismo de repressão especialmente para defesa própria". O aparelho repressor foi estruturado para fazer frente ao despertar do "espírito de revolta", reforçar as instituições armadas, especialmente a policial, com o dinheiro arrancado do contribuinte, que é o trabalhador, isto é, aquele que produz utilidades. O Estado é também acusado de criar instituições como a "polícia secreta", inventando perigos e conspirações, para justificar e sustentar as suas instituições autoritárias. Para os anarquistas, a luta pela hegemonia do poder no seio da classe dominante provoca uma disputa entre o Estado e a Igreja, assim

> o Estado desconfia mesmo da Igreja, que embora o ajude, contribuindo para o embrutecimento e ignorância populares, as mais firmes colunas de todos os domínios mantendo-se para a passividade, a obediência, o providencialismo, a esperança no futuro, também trabalha por sua própria conta, procurando predominar, e isso embaraça o Estado, que pretende a supremacia da fiscalização, a mais direta possível de toda a vida social.[4]

Os libertários propõem-se a combater todas as formas de autoridade, de exploração e de fanatismo religioso. Tanto que assim se define o jornal *A Guerra Social,* em 1911, "combateremos pela anarquia e como anarquistas queremos a socialização da propriedade". Declaram-se materialistas em ciência, deterministas em filosofia e ateus em religião. O Estado é visto como a máxima representação da tirania política e um "polvo enorme que suga as energias do povo, dando braço forte à polícia burguesa e que açambarca todas as riquezas sociais vivendo à custa dos produtores". Propõem a expropriação da burguesia, como um ato de justiça, pois a sua riqueza é resultado da exploração quotidiana dos trabalhadores. Conclamam todos à luta que culminará com a Greve Geral e a anarquia.[5]

## *A Questão da Propriedade*

A terra assim como os instrumentos de trabalho devem pertencer a todos e a cada um dos membros da comunidade humana. A propriedade individual é vista como a "funesta geradora de todos os crimes". E, então, "se a propriedade privada é a base da ordem natural ou seja, uma verdadeira desordem", a propriedade social será a base da "nova ordem, de íntegra ordem".[6] Já em 1898, propunham o uso comum da terra, das minas, das vias de comunicação, dos transportes, das máquinas, das fábricas, de toda riqueza social. Que cada um produzisse o que permitissem as suas forças e consumisse segundo as suas necessidades.[7] Há uma valorização do trabalho e este deveria estar na base de toda a organização social, pois é o trabalho o primeiro atributo e a característica essencial do homem. Em lugar da propriedade, deve haver apenas posse e uso, sob a permanente condição de que o homem trabalhe, das coisas que produz.

## *A Questão do Trabalho*

As propostas libertárias referentes ao trabalho opõem-se à proletarização, ou seja, à redução do trabalhador a um ser subordinado, incapaz de uma existência independente e impossibilitado de prover de forma autônoma a sua subsistência. O trabalho teria que ser dividido, segundo as aptidões:

> a capacidade e a inteligência de cada um, sendo respeitado tanto o trabalho do médico, do engenheiro, do maestro como o do operário, cada um prestará o mesmo concurso do seu esforço na corporação de artes e ofícios a que pertença, segundo as suas próprias forças.[8]

É parte da doutrina anarquista a valorização do trabalho e a preocupação de dignificá-lo, procurando preservá-lo da desagregação que, segundo essa mesma doutrina, foi imposta pelas máquinas e pela exploração capitalista. É uma visão de mundo desconhecida nessa formação social, onde o trabalho escravo maculou o próprio trabalho e por extensão o trabalhador, onde o grande contingente de desempregados levava a que estes disputassem qualquer forma de trabalho e sob quaisquer condições.

## *A Questão da Religião*

O anarquismo, que pretendia lutar até a destruição total de todas as manifestações autoritárias, fazia acusações sistemáticas contra todas as formas de religião e principalmente contra a

Igreja Católica, pela força evidente que esta mantinha no sistema de poder. No Distrito Federal, foram criadas várias ligas anticlericais onde promoviam-se conferências e onde atuavam os libertários. Alguns jornais operários traziam expressas legendas anticlericais, explicitando a finalidade do jornal, como o *Avante,* em 1908, que trazia como legenda *"Avante,* jornal anticlerical". Para os libertários, "Deus teve uma explicação sentimental em épocas de ignominiosa ignorância científica".[9] Os libertários viam Estado, Igreja e Capital como parte do mesmo processo de dominação e de exploração do homem pelo homem. A Igreja "promove o fanatismo e, contra essa postura, todos devem lutar". Uma das formas de luta que eles apresentavam era a criação de escolas racionais. Portanto, combateriam a Igreja no campo onde ela tinha grande influência, isto é, na área da educação. Denunciavam a interferência da Igreja, através do clero, nos problemas íntimos das famílias, levando, inclusive, à sua dissolução. Exemplificavam com a separação de um casal, cujo matrimônio não se realizou na Igreja, motivo pelo qual um padre convenceu a mulher que ela não estava casada e esta separou-se do companheiro.[10]

## *A Questão da Educação*

Com relação à questão da educação, os libertários propunham várias atividades educativas, inclusive como forma de lazer, através do teatro livre, conferências sobre temas políticos e relativos à "educação popular", intensificados em 1908. As escolas racionais foram ativadas e funcionaram para trabalhadores de ambos os sexos e seus filhos. Essas escolas racionais foram moldadas na teoria desenvolvida por Francisco Ferrer, um espanhol que defendia a educação integral. Ferrer foi responsável por um movimento de renovação pedagógica denominado Escola Moderna, na Espanha. Essa escola baseava-se em princípios racionais e era aberta a todas as classes e ambos os sexos. Tencionava ser uma escola de emancipação, preocupada em eliminar os falsos conceitos de propriedade, pátria e família, a fim de alcançar-se a liberdade e o bem-estar de todos os que "desejam e ninguém alcança completamente". Essa escola vem suprir a necessidade de uma educação racional e científica como instrumento de reforma social.

A partir de 1908, a influência de Ferrer faz-se sentir nas propostas defendidas pelos jornais anarquistas do Rio de Janeiro, quando afirmavam que cada homem é filho da educação e instrução que recebeu em criança.

> A educação do coração tornará bons os homens, a do cérebro iluminá-los-á a fazerem desaparecer as trevas da ignorância e são a primeira inimiga da liberdade. Desse modo, poderá desenvolver-se mais nos homens o sentimento de fraternidade e do amor que unirá todos os trabalhadores numa só família feliz e tranqüila, o brutal egoísmo cederá à solidariedade para o bem-estar comum.[11]

Explicavam que, para a educação ser útil e benéfica, é preciso que vise conjuntamente o cérebro, o coração e a saúde. Que a criança tenda a desenvolver normalmente as suas faculdades físicas, intelectuais e morais. Para isso, há que se ter um método, não dogmático, mas racional e essencialmente científico. Manifestavam-se contra o ensino religioso. A nível político, afirmavam que o ensino perfeito forma homens livres, independentes e não sectários desta ou daquela idéia política ou religiosa. A educação não podia ser vista só pelo lado literário ou científico, embora sejam as mais lógicas, mas "há que se fazer caracteres íntegros, capazes de sentir como seus os sofrimentos de seus semelhantes".[12] Há como que uma preocupação de desenvolver no homem o sentimento de fraternidade e do amor que unirá todos os trabalhadores em uma só família feliz e tranqüila, fazendo com que o "brutal egoísmo ceda lugar à solidariedade para o bem comum".[13] O fuzilamento de Ferrer na Espanha, em 13 de outubro de 1909, acusado de estar envolvido com o movimento revolucionário de Barcelona, denominado de Semana Trágica, embora sem qualquer prova contra ele, provocou grandes manifestações dos anarquistas em todo o mundo. No Brasil criaram-se comissões de mobilização em São Paulo, Rio Grande do Sul e Rio de Janeiro, programando grandes manifestações de protesto. Com o título de "Reação Espanhola, o Jesuitismo a Renascer", *A Voz do Trabalhador* assim se manifestou: "O mundo inteiro tomou-se de estupor pela cruel notícia do assassinato de Francisco Ferrer e passado o primeiro momento o povo indignado levantou o seu brado de protesto." [14] No Rio de Janeiro, em 17 de outubro de 1909, realizaram-se vários comícios de protesto. Uma manifestação com mais de 4.000 pessoas transformou-se em passeata, percorrendo as principais ruas do Centro da cidade, portando bandeiras negras, levando os retratos de Ferrer e do rei da Espanha Afonso XIII (este todo manchado de sangue). Em frente à sede do *Jornal do Comércio,* que havia noticiado o acontecimento de modo depreciativo, houve vaias e apedrejamento da sede. A notícia é assim concluída: "o povo que tanto amou esse lutador pela instrução, decerto não deixará impune esse crime bárbaro praticado pela realeza espanhola e pelo jesuitismo".[15]

## *O Lazer*

A transformação social, que os anarquistas propunham, a luta permanente contra a opressão e a dominação, fora de organizações partidárias, fortaleciam a tática da divulgação de suas idéias em todos os momentos de sua existência. Dessa forma, ser anarquista significava estar em ação permanente. Por isso, o lazer fazia parte de uma estratégia de luta e nele toda a criação tinha fins doutrinários e políticos. Para conseguirem esses objetivos, promoviam o teatro anarquista que funcionava como lazer. Os jornais traziam convites e discutiam os temas de suas peças. Essas peças eram escritas por intelectuais libertários, representadas por operários e se inspiravam em fatos reais, como as greves. Vale registrar que a Confederação Operária, com orientação libertária, programava atrações para as noites de sábado; compunham-se de conferências, debates e do teatro livre. As peças, geralmente em três atos, prometiam para o final "grande apoteose". A noite terminava com um "baile familiar", como constava nos convites. As críticas a essas peças eram publicadas nos jornais e rigorosas, com relação ao conteúdo. Ao criticar uma peça, escrita por Mota Assunção, que retratava a Greve de 1903, *A Voz do Trabalhador* lamenta que o autor, anarquista, tenha construído um personagem generoso na figura de um padre.[16] Percebe-se claramente uma exigência de retidão no comportamento dos trabalhadores, onde há uma nítida oposição entre freqüentar a taberna e participar do movimento social. Há um apelo permanente, na imprensa operária anarquista, no sentido de que os operários abandonem "a taberna pelo sindicato e o copo pelo livro". Às vezes o apelo é bem veemente:

> no dia em que as tabernas estiverem desertas, os trabalhadores empregarão suas energias, que o álcool consome, em fazer a expropriação burguesa.[17]

Censuravam os trabalhadores quando às programações compareciam em número limitado e apelavam para que estes não temessem "os espiões". Pelo medo dos espiões (geralmente pagos pelos patrões), justificavam-se as poucas pessoas que compareciam às conferências de propaganda, que se realizavam na Ponte de Tábuas, no Jardim Botânico. E afirmavam: "muitos operários se dedicam mais aos jogos, especialmente ao *football* para agradar aos patrões, do que a instruir-se na luta para defender os seus direitos".[18]

Não havia conciliação. A paixão que os movia para divulgar as suas idéias, o desejo de canalizar os anseios de grupos que viviam em extrema pobreza, a crença na transformação da sociedade os tornam rígidos. Trabalho e lazer somavam-se e identificavam-se na busca de uma ordem, não-burguesa, não-centralizadora. Mas ordem. Para a construção dessa ordem, desse novo tempo, impunha-se uma vida onde todas as energias deveriam estar concentradas para a ação. Apelavam para o "espírito elevado" que existe no indivíduo e em nome do amor à "liberdade de ação", à união dos esforços na luta contra o Estado, a Igreja e o Capital.

## *A Participação Feminina*

As mulheres tiveram participação destacada no movimento anarquista, fundando associações femininas, como a Sociedade Feminina de Educação Moderna. Através das associações, promoviam festas de propaganda com teatro, apresentando peças de caráter social e político, conferências e, nessas programações, arrecadavam fundos para a fundação de escolas. Os centros de estudos também promoviam bailes familiares, organizavam piqueniques nos parques e almoços coletivos. A respeito da família, os jornais anarquistas deixam transparecer alguns indicadores de que suas idéias são avançadas para a época. Defendem o trabalho da mulher e sua participação nas atividades sociais. Entendem que o lar deve dar continuidade à educação iniciada na escola. Defendem a escola mista, pois "a educação comum de ambos os sexos será de grande vantagem para a formação e aperfeiçoamento dos caracteres".[19] Entretanto, tinham uma visão idealizada dos sexos. Um artigo, nesse mesmo jornal, assinado por Deolinda Lopes Vieira, defende a escola mista e assim a justifica:

> ao homem, educado com a mulher, ser-lhe-á transmitida por esta uma pequena parcela de sua doçura, de sua natural afabilidade. Por sua vez, a mulher educada com o homem, adquirirá um temperamento mais enérgico e audacioso.[20]

## *O Antimilitarismo*

Na doutrinação libertária, a defesa da paz e o antimilitarismo tiveram ressonância significativa, na medida em que vários setores da população lutavam contra o sorteio militar. Nesse período, o Estado retirava da população (não obrigatoriamente) das classes subalternas os indivíduos que deveriam compor as suas tropas. Essa escolha independia da vontade destes. Na Marinha, os marinheiros da Marinha Mercante eram recrutados para servir na Armada. Essa imposição gerava conflitos, provocando revoltas e greves, cujo resultado levava a grandes repressões e até a deportações para a região Norte, especificamente para o Acre.[21] Nessa mesma corporação, eram empregados os castigos corporais aos seus membros, motivo que levou a uma sublevação em 1910, a chamada *revolta da chibata.* Os anarquistas denunciaram em seus jornais e fizeram manifestações de protesto. Dentre as lutas contra o sorteio militar, *A Voz do Trabalhador* noticia a revolta das mulheres que invadiram a Junta de Alistamento, "quebrando os utensílios e rasgando o papelório".[22] Nessa luta participavam ativamente os estudantes, distribuindo panfletos à população e ajudando a promover concentrações. Foi grande a campanha promovida contra a lei, que tramitava no Congresso, sobre a obrigatoriedade do serviço militar. Faziam-se conferências, palestras, e criou-se a Liga Antimilitarista. A Confederação Operária assumiu a liderança do movimento pacifista, programando comícios onde participavam os anarquistas. Os comícios eram precedidos de passeatas com bandeiras vermelhas, saídas da Confederação Operária, à rua do Hospício, entrando pela Uruguaiana até o largo de São Francisco. Ali reuniam-se cerca de 5 mil pessoas. A tônica dos discursos era contra a guerra, contra os governos, contra o capital e a Igreja.

Declaravam a luta em caráter internacional e antimilitarista. A Confederação em sua luta contra o sorteio militar obrigatório chegava a pedir uma "Greve ao Exército".[23]

Aos comícios promovidos pelos anarquistas, compareciam as associações dos marmoristas, carpinteiros, canteiros, sapateiros, carvoeiros, marinheiros, remadores, operários de gás, foguistas.[24] Os jornais libertários dedicavam grandes espaços e artigos contra o militarismo. Asseguravam, citando Bakunin, que a educação de um soldado de profissão, desde o simples recruta até os graus mais elevados de hierarquia militar,

> é tal que não é possível deixe de convertê-lo num inimigo do povo e da sociedade. Até o uniforme que veste assemelha-se à libré do lacaio, toda a espalhafatosa ornamentação e ridículos enfeites que distinguem os vários corpos, todas as infalibilidades que ocupam a maior parte da existência do soldado, tudo isto o separa ainda mais do que ele julga dos antigos companheiros. Seus curiosos atavios e as infinitas cerimônias pueris em que passam o tempo, unidos em exercícios diários que não têm outro objetivo senão o aperfeiçoamento da arte de matar e destruir, humilhariam profundamente os homens que não tivessem perdido por completo o sentimento de dignidade, morreriam de vergonha, se pela perversão de suas idéias não tivessem chegado a perdê-la por completo.[25]

A participação efetiva dos libertários, nesse movimento antimilitarista, atraiu para eles uma grande repressão e ameaça de expulsão aos que não eram naturalizados brasileiros. Em 1908, ano em que foi aprovada a lei que instituía o serviço militar obrigatório, a repressão foi intensa. Mas o antimilitarismo continua e reforça a campanha contra a candidatura de Hermes da Fonseca à presidência da República. Para os anarquistas (que eram contra qualquer participação política), a candidatura do Marechal Hermes da Fonseca fora imposta por quase todos os jornais, como se esta fosse a vontade do povo, e, por essa condição, estava fadada a não ter êxito. A imposição dessa candidatura, segundo os anarquistas, despertou as manifestações antimilitaristas por todas as partes, repelindo a dominação "do chanfalho e do analfabetismo". Afirmavam ainda que o triunfo do militarismo seria uma prova triste do estado da mentalidade do povo brasileiro e da sua adaptação ao progresso "dos tempos modernos".[26] Acerca do alistamento militar, em janeiro de 1909, esse mesmo jornal regozija-se por ter sido "um fiasco para aqueles que anteviram a plantar na terra generosa do Brasil a árvore mortífera do militarismo". Destacou que, entre 20 milhões de habitantes, nem 20 mil alistaram-se.[27] A Confederação Operária, além de liderar a campanha antimilitarista e antiguerra, assegurava que estava a se preparar para a luta contra "os propósitos guerreiros dos governos de algumas nações sul-americanas".[28] Do Rio de Janeiro e de São Paulo, seguiram conferencistas para os outros estados brasileiros, na campanha antimilitarista. A guerra era a tirania, e contra a tirania todos deveriam se unir.

> Nós somos o trabalhador, o fator da riqueza social, o militarismo é o fator da miséria com todo o seu cortejo lúgubre de viuvez e orfandade e é portanto abominável e desumano, pois é a nós que compete secundar o exemplo de nossos camaradas de Barcelona.* Cumpre, pois, que como operários protestemos contra a guerra porque são os nossos irmãos roubados dos carinhos da família que vão servir de pasto ao canhão e emoldurar os quadros que a burguesia ladra gosta de contemplar para gáudio seu e como soldados não obedeçamos aos chefes. Eles são os senhores algozes do povo; nós fazemos parte desse mesmo povo que eles matam e roubam, é pois contra eles que devemos voltar as nossas armas.[29]

## *A Participação Política*

O pensamento político anarquista e sua visão de mundo eram norteados para abolir o Estado e suas instituições políticas. Dominava-os um sentimento de profundo desprezo pela luta política e era absolutamente inconcebível relacionar-se poder político e anarquismo.

A questão do poder político e sua identidade de interesses com o capital estava colocada nas discussões libertárias. A luta contra o Estado era a mesma contra o capital. E viam, na Igreja Católica, a força ideológica que sustentava a estrutura do poder existente no Brasil. Havia um sentimento anticlerical que extrapolava o sentimento anti-religioso.

---

* Refere-se à insurreição que surgiu em Barcelona em 1909, a Semana Trágica.

A luta contra estes três inimigos: Estado, Capital e Igreja, não se faria através de partidos políticos que disputavam as eleições do período republicano. Participar dessas disputas políticas seria, para os anarquistas, legitimar essa estrutura de poder político.

Os trabalhadores propunham reduzir as suas lutas aos aspectos econômicos, mesmo porque acreditavam que a luta de classes decorre das relações econômicas.

No Rio de Janeiro, os anarquistas mantiveram-se em todas as lutas no início do século XX: contra a militarização, nas greves das diversas categorias, por melhores condições de trabalho, denunciando as injustiças, mas, seguindo diretrizes de sua doutrina, abominavam qualquer organização partidária. Por isso, reagem de forma categórica a qualquer participação dos trabalhadores em eleições.

Em 1903, ano de grande efervescência no movimento operário do Distrito Federal, fundam a Federação das Associações de Classes que mais tarde veio a se chamar Federação Operária Regional Brasileira, com sede na Capital Federal. Essa Federação organizou uma concentração a 1º de maio com a presença de cerca de 12 mil manifestantes que se assumiram como partidários do sindicalismo libertário e solidários com os mártires de Chicago.

O ano de 1903 no Distrito Federal com suas lutas e enfrentamentos, com as greves, principalmente dos estivadores e tecelões, provoca uma repressão violenta, espancamentos, torturas, prisões. Em 1904 o projeto de lei que impedia a formação de organizações operárias, que previa a expulsão dos trabalhadores imigrantes não-naturalizados que participassem de movimentos políticos, mesmo que reivindicatórios, foi aprovado na Câmara dos Deputados, em primeira instância.

Anteriormente, no final do século, a imprensa operária, não-anarquista, apelava aos operários alfabetizados para se alistarem nas juntas eleitorais e que se preparassem para eleger os seus representantes à Constituinte de 1890. Nota-se uma certa euforia dessa imprensa ao noticiar fatos relativos à eleição. O jornal *Reação* noticia que o Congresso Socialista "acabava de aprovar a atitude dos companheiros que abandonando o preconceito político se propõem a conquistar o direito de cidadãos brasileiro naturalizando-se". E conclui:

> os operários nada têm a perder com o imiscuírem-se nas lutas políticas do pais onde vivem, pois o fato de sacrificarem-se pelo seu desenvolvimento industrial ou rural é o bastante para justificar a sua intervenção nos pleitos eleitorais.[30]

Entretanto, essa não é a posição dos libertários que repudiam a participação dos trabalhadores na ação eleitoral. Denunciavam os "elementos que fingiam-se socialistas para manipular os trabalhadores".[31] Assim manifestava-se, nesse jornal da Confederação Operária, o libertário Octave Mirdian a respeito de eleições:

> a mentira de sempre. Uma única coisa me causa assombro extraordinário, é que no momento científico em que escrevo possa existir ainda um só eleitor, esse animal irracional, inorgânico, alucinado. que consente em abandonar os seus afazeres, seus gozos para ir votar em alguém ou alguma coisa. Os carneiros quando vão para o matadouro nada dizem, nada esperam, mas ao menos não votam no carniceiro, que os deve matar, nem no burguês que os há de comer.[32]

Há nos anos de 1909-1910 uma grande discussão a respeito da questão da participação política dos trabalhadores. A Confederação define-se pela não-participação dos trabalhadores em eleições. E em seu jornal de 15 de novembro de 1909, denuncia a "farsa eleitoral". E comenta:

> as eleições. Ah! que grande, que incomensurável bandalheira de todos os tempos! É preciso mais uma vez lembrar que para a vergonha da humanidade esses escandalosos fatos, que se repetem continuamente, não têm nem de leve o mínimo resultado prático. Por isso, proletários, pensai e pensai com calma para agir: pensai que não deveis delegar a ninguém poderes para defender no parlamento, ou em qualquer parte que seja, os vossos interesses lesados.[33]

Em 1911, denunciaram que a cédula eleitoral inventada pela burguesia capitalista será sempre um dos mais seguros instrumentos de governo.[34] Havia mesmo um grande preconceito pela presença de políticos em reuniões de trabalhadores. Nota-se como que um receio de manipulação que essa presença possa resultar. Para eles, só os trabalhadores, estes sim, tinham compromisso com as mudanças, e só estes, conscientes, poderiam lutar contra todas as formas de autoridade, em defesa da liberdade, pois a "emancipação dos trabalhadores deve ser obra dos mesmos trabalhadores".[35]

O jornal *A Guerra Social*, em 1911, afasta qualquer hipótese de participação política e declara-se centro de irradiação revolucionária; por isso, combaterá o parlamento assim como todos os paliativos políticos e associações que possam aniquilar o povo, as suas melhores energias, levando-o a esperar de terceiros o que não lhe podem dar, e que só o povo deve conquistar com o seu esforço. Esse esforço levará o povo até a Greve Geral.[36]

Os políticos, afirmavam eles, são charlatães, e prosseguiam, a respeito de promessas feitas por um Deputado Monteiro Lopes, em uma reunião de operários,

> se o povo tivesse força suficiente para fazer cumprir as leis, não precisaria esperar que o parlamento as votasse nem servir-se de intermediários, interessados, como o Sr. Monteiro Lopes.[37]

O Congresso de 1906, organizado por trabalhadores que atuavam no movimento operário do Rio de Janeiro, realizou-se de 15 a 20 de abril, no Centro Galego, à rua da Constituição, tendo seu encerramento solene no Teatro Lucinda.[38] Participaram do Congresso 38 associações das diversas categorias de trabalho. Foram apresentadas diversas teses, versando sobre temas diversos como orientação, organização, ação operária, etc. Nesse Congresso foi discutida e aprovada a fundação de uma confederação, que tomou o nome de Confederação Operária do Brasil, que funcionou intensamente a partir de 1908, liderando a luta dos trabalhadores para levar à frente as resoluções aprovadas no Congresso. A Confederação foi inspirada na CGT francesa, que se mantinha fiel ao sindicalismo revolucionário, e tinha como fins:

> (a) promover a união dos trabalhadores assalariados, para a defesa dos seus interesses morais e materiais, econômicos e profissionais; (b) estreitar os laços de solidariedade entre o proletariado organizado, dando mais força e coesão aos seus esforços e reivindicações, tanto moral como materialmente; (c) estudar e propagar os meios de emancipação do proletariado e defender em público as reivindicações econômicas dos trabalhadores, servindo-se para isso de todos os meios de propaganda conhecidos, nomeadamente de um jornal que se intitulará *A Voz do Trabalhador;* (d) reunir e publicar dados estatísticos e informações exatas sobre o movimento operário em todo o país.

Sobre o 1º Congresso, Edgar Rodrigues distingue que: "o 1º Congresso Operário Brasileiro terminava com a vitória inequívoca do sindicalismo revolucionário, demonstrando igualmente que o trabalhador não pensava apenas no estômago". A questão social foi ali colocada em evidência nos debates, da mesma forma que a desilusão na área político-partidária e a falta de confiança nos governantes. Triunfava a concepção anarquista do sindicalismo.

O Congresso foi organizado por iniciativa da Federação Operária do Rio de Janeiro. Nele, os anarquistas e socialistas confrontaram propostas distintas; os socialistas defenderam a criação de um partido proletário enquanto os anarquistas defenderam a ação direta.[39] Na Confederação Operária do Brasil, COB, se agruparam as seguintes entidades do Rio de Janeiro: Associação Protetora dos Chapeleiros, Centro dos Operários Marmoristas, Sindicato dos Carpinteiros, Pedreiros e Anexos, Sindicato dos Trabalhadores em Ladrilhos e Mosaicos, Sindicato dos Operários em Pedreiras, Sindicato dos Pintores, Sindicato dos Sapateiros, Sindicato dos Operários dos Ofícios Diversos e mais sindicatos de São Paulo e do Rio Grande do Sul.[40]

As teses do 1º Congresso Operário versaram sobre orientação, organização e ação operária. O problema levantado na discussão da orientação referiu-se à questão do alinhamento político operário em partidos, tendo o Congresso se manifestado contrário à formação de partidos, destacando que os operários só tinham em comum os interesses econômicos na medida em que tinham diferenças marcantes nos aspectos religiosos e políticos.[41] Com respeito à questão da organização, o Congresso optou pela criação de sindicatos ou associações de resistência econômica para a realização de ações diretas contra o capital. Ao invés da participação política, deveria concentrar todas as suas energias no movimento grevista. Como resolução ainda do Congresso, aos sindicatos foi vetada a entrada de empresários e recomendado um certo cuidado com a entrada de mestres e gerentes.

Intensificou-se a partir do 1º Congresso a luta pela jornada de oito horas de trabalho, considerada prioritária frente ao pedido de aumento salarial, pois a redução da jornada de trabalho possibilitaria mais tempo para que o trabalhador desenvolvesse sua capacidade intelectual. O Congresso também exortou o governo a respeitar o direito de organização dos trabalhadores.

A importância do movimento operário levou o governo a encarar a questão e reconhecer o direito de sindicalização, concedido em janeiro de 1907. Todavia, com o crescimento da luta pela redução da jornada de trabalho, conforme resolução do 1º Congresso, sintonizado com as aspirações dos trabalhadores, intensificou-se a repressão e exagerou-se a aplicação da Lei Adolfo Gordo. A aplicação dessa lei resultou em várias expulsões de imigrantes para o exterior e de trabalhadores brasileiros para o Norte, Acre e o sertão do Nordeste. Ainda como resultado do Congresso, no 1º de maio de 1906, em muitas cidades, houve grandes concentrações quando foi iniciada a grande campanha pela redução da jornada de trabalho. Em 1908, a COB intensificou a campanha antimilitarista e antiguerra. A presença de mais de 35 associações, incluindo as de vários estados do Brasil, demonstra a importância do 1º Congresso e a participação dos trabalhadores nele. Os anos seguintes a 1906 foram de intensa luta em vista das resoluções tiradas no Congresso para o avanço das reivindicações pela regulamentação da jornada de trabalho e outras lutas já descritas acima. A realização desse evento, a fundação da COB, demonstram de forma inequívoca o grau de consciência política que alcançavam os trabalhadores no Distrito Federal nesse período. E a aprovação dos temas descritos acima demonstra a hegemonia dos anarquistas no evento e no próprio movimento operário que nos anos seguintes ao Congresso tentam, na luta, pôr em prática as suas resoluções.

## *As Formas de Luta*

Os anarquistas pretendiam a derrubada da sociedade capitalista, do Estado e da Igreja que a sustentavam. Pretendiam uma sociedade onde os homens vivessem em mútua cooperação, em um mundo de felicidade primitiva não envolvidos numa luta de todos contra todos. Para alcançarem essa nova etapa, tinham propostas e práticas definidas e defendidas em seus jornais. Nesse sentido, apelavam aos trabalhadores para que participassem da luta para derrubar o capital, o Estado e a Igreja. Os libertários introduziam em seus apelos uma forte carga moral e ética e exigiam uma postura heróica de seus adeptos que deveriam ser capazes de afrontar a própria morte. O libertário não devia freqüentar as tabernas, participar de jogos, o seu lazer deveria também ser criativo em defesa de seus ideais de liberdade. A não-participação é denunciada como resultado da "desídia" e do

> indiferentismo que a maior parte dos operários mostra pelos seus interesses vitais, pela sua dignidade, tem obrigado até os mais conscientes e rebeldes a sofrerem, com resignação, imposições cruéis, infames, vexatórias, para não morrer de fome.[42]

A essa situação contrapõem a necessidade da utilização de uma tática conveniente, qual seja, fazer a propaganda, a divulgação do anarquismo nos bondes, nos cafés, em todos os lugares possíveis e promover a organização de grupos livres. Esses grupos, formados livremente, se reuniriam cada vez que julgassem conveniente, procurando que suas reuniões fossem o mais livres possível, sem rotinas autoritárias, abstendo-se em todos os casos "de julgar alguém, nem tomar acordos", procurando fazer em suas reuniões exposições de todas as idéias, que se considerem boas para a propaganda. Se houver diversidades de pareceres e variedade de idéias, então as iniciativas são várias e todas devem ser discutidas com consciência, sem paixão de partidos e

> defendido cada um deles pelos iniciadores baixo o ponto de vista do lado bom sendo cada um livre de prestar-lhe sua solidariedade àquela que lhe seja mais simpática.

Não se deveria pôr em votação iniciativa alguma: em circunstâncias semelhantes, o grupo deveria ser dividido em dois outros que

> em vez de realizar-se uma iniciativa em breve prazo mais demorado, ou talvez no mesmo tempo porque em todo conste a boa vontade dos companheiros, foram de qualquer forma que seja obrar assim e obrar anarquicamente, e é por isto que não queremos nada centralizado, pelo contrário, queremos que cada um procure da melhor forma entender-se para prestar-se sua solidariedade com os outros, sem ter de depender de outrem menos que nos casos em que a força maior os obrigue a procurar a solidariedade d'outros companheiros.

Estimulava-se que a propaganda fosse feita em todas as partes onde houvesse explorados e a estes fosse levada a certeza da emancipação, propondo sempre a Greve, como forma de luta, até conseguir a Greve Geral, última etapa da luta.[43] Os libertários organizavam-se em grupos, descentralizados, havendo o revezamento de seus membros para evitar qualquer posição de autoridade. Defendiam todas as manifestações que apressassem a derrota do Estado industrializante e sua utilização até a derrocada final da sociedade capitalista. Pois a questão social resolver-se-ia antes de mais nada na destruição da sociedade capitalista. As táticas apregoadas no movimento anarquista eram, portanto, no sentido de contribuir para o enfraquecimento e até a derrota final do capitalismo. Aconselhavam aos trabalhadores que utilizassem a sabotagem e o boicote como formas de luta. A sabotagem, conforme esclareceram, procedia da Inglaterra, onde teria prestado grandes serviços na luta que os trabalhadores sustentaram com os patrões. É uma forma de luta que poderia substituir a greve, quando não houvesse possibilidade desta ser deflagrada. Dessa forma, os trabalhadores poderiam resistir melhor, pois não estariam à mercê do patrão e tinham em suas mãos um meio de afirmar que "eram homens, isto é, resistiam". A sabotagem deveria ser realizada, segundo a categoria de trabalho. Se o trabalho fosse feito por empreitada, a sabotagem deveria ser aplicada na qualidade do trabalho e não na quantidade. Também a sabotagem não deveria ser aplicada somente na mercadoria, mas nos utensílios do trabalho. Portanto, a máquina era considerada inimiga dos trabalhadores, "a ladra do pão, a assassina dos mesmos trabalhadores".[44] Segundo os anarquistas, seguindo o raciocínio de Malatesta, o que os distinguia dos outros grupos e o que diferenciava os vários partidos, e a importância destes na história, era o método que empregavam.

> À parte o método, todos dizem querer o bem dos homens, e muitos o desejam sinceramente; os partidos desaparecem e com eles toda ação organizada. É preciso, pois, principalmente, considerar a Anarquia como um método.

Por isso, para eles, o método deveria ser mais estudado e praticado. As organizações de grupos eram deficientes nos seus fundamentos. Ressentiam-se, segundo eles, da aplicação do método libertário, por isso corriam o risco de até obstaculizar aos que neles entravam, chegavam mesmo a cortar a iniciativa individual. Com raras exceções, havia mais promessa de participação do que participação efetiva. E, afirmavam, existia em muitos anarquistas o preconceito burguês da conservação da disciplina de partidos. A associação só tinha sentido se feita por afinidade e livre acordo. E quando essa afinidade não existir mais numa coletividade todos os arranjos que se queiram aplicar serão inúteis. Para evitar-se e reagir contra o perigo de desvirtuação que constantemente ameaça a doutrina só existe um meio eficaz, a prática do método anarquista. Assim não bastava reunir e fazer regulamento e acrescentavam:

> As agrupações por afinidades só podem surgir na Ação. Um indivíduo, por exemplo, ou mais de um, que já tenha afinidades entre si, julgam de utilidade para a causa que defendem realizar uma iniciativa, se têm possibilidades, levam-na à prática. As pessoas que simpatizam com essa obra auxiliam-na no princípio, aproximam-se depois de seus iniciadores, conhecem-nos de perto e muitos acabam por tomar parte ativa nela. Forma-se assim a verdadeira organização por afinidade, espontânea e livre de compromissos impostos, e a que mais de acordo está com os princípios anarquistas.[45]

Daqui se compreende que no método anarquista cabe o principal papel à ação individual. O que não quer dizer que o indivíduo deva desprezar a ajuda dos outros e agir isoladamente. Mas deve ter a liberdade de ação, pois a ação individual é a base do método anarquista, porque como afirmava o anarquista Manoel Moscoso, em 1909, "a ação individual é a base do método mais lógico e mais prático em todas as ações da vida".[46]

O movimento libertário do Distrito Federal, integrado por militantes oriundos de outros países e trabalhadores brasileiros, mantinha contatos e intercâmbio de idéias com países da América Latina e da Europa. As Federações Operárias do Brasil tinham filiações nacionais e internacionais através da Associação Internacional dos Trabalhadores, com sede na França. Os jornais anarquistas defendiam a participação dos trabalhadores nos sindicatos, órgãos de luta, e não com funções assistenciais. Esses sindicatos eram organizados, respeitando a soberania individual dos seus membros, evitando-se qualquer tipo de centralização. Entretanto, tentavam conseguir através de pressões que só os trabalhadores sindicalizados pudessem obter empregos. Os sindicatos sob a hegemonia libertária desenvolveram lutas contra os patrões, em defesa dos direitos dos trabalhadores, pregando a Ação Direta. A Ação Direta consistia na ação exercida diretamente pelos operários. É a manifestação consciente de sua vontade. Eles exercem diretamente a pressão sobre as forças de dominação, tentando conseguir o que lhes é de direito. Através da Ação Direta, o operário luta realmente, ele mesmo dirige o conflito, não confiando a outrem uma tarefa que lhe pertence.[47] O Sindicalismo era visto como uma organização com objetivos claros, de resistência e luta, agrupando associações de trabalhadores, em defesa de seus interesses comuns. Para Edgar Rodrigues,[48]

> a organização sindicalista é essencialmente revolucionária, rejeita os princípios de ação política, tem meios para agir exclusivamente antipolíticos e antiestatais; é alheia aos poderes governativos; é essencialmente pedagógica, cria em cada indivíduo um valor positivo, uma consciência social, uma capacidade reflexiva, técnica, administrativa, de gestão, uma força ativa, em caráter justo e solidário, um artista suficientemente capaz em todos os ramos da arte, e das ciências sociais; não aceita qualquer tipo de colaboracionismo, nem reformista, todavia admite o constante aperfeiçoamento, o progressismo diário por melhorias de vida social conquistados diretamente; como organização social futura, o sindicalismo eleva o trabalhador, tonifica-lhe a sentimentalidade, educa-o integralmente, econômica, familiar, artística, cientifica, moral e juridicamente e cria-lhe um ideal que por si próprio tem um alto e profundo valor e ação pedagógica.

Em 1911, os libertários afirmavam pelo seu jornal *A Questão Social,* que a Ação Direta era o método mais importante para um movimento e em sentido mais largo pode ser violenta ou pacífica, individual ou coletiva, mas deve, principalmente, "ser contínua, de cada dia, em qualquer de suas formas, em todas as suas fases, propaganda, organização, realização".[49]

## *As Linhas de Ação*

Aos anarquistas, inimigos da autoridade, da opressão, da coerção, restava fazer a supressão da violência organizada, da exploração do homem pelo homem, de uma classe pela outra. Queriam banir a violência, mas se dividem a esse respeito. Justificavam a violência na luta contra uma violência maior que se estabelece na dominação de uma classe sobre a outra. Ademais, o terrorismo como sustentáculo da revolução podia ser também utilizado como uma tática de "propaganda pela ação". Destacavam duas linhas de ação, a tolstoiana, que só admitia a resistência passiva, a não-obediência ao mal. E a outra, a da maioria, revolucionária e anarqüista, que admitia o emprego da força para "remate da evolução que se realiza no sentido libertário e como resistência à violência e à opressão". Acreditavam que a força, além de inevitável perante a incapacidade de abdicar das classes opressoras, era altamente moral, para evitar o prolongamento do mal intensamente mais doloroso.[50] A respeito da linha tolstoiana, o jornal *O Protesto* publica uma artigo de Gigi Damiani, que demonstra o que pensavam a respeito os anarquistas mais atuantes:

> entre as tantas sentenças de Tolstoi, li hoje uma, em um jornal burguês, lângüida e desenxavida, à guisa de jaculatória à virgem dos infelizes, citada e disposta à maneira de um dístico, por um nosso companheiro. Acho supérfluo reproduzi-la aqui, pois quem conhece os trabalhos de Tolstoi pode de per si imaginá-la, porquanto, em cada página, o genial mas "cristianíssimo" pensador mostra-se sempre o mesmo apóstolo da luta de braços cruzados, na sublimidade de protesto humilde e pacífico, de acordo com os preceitos do Evangelho, o qual, seja dito de passagem, chama beatos aos pobres de espírito. mas nunca aos que voluntariamente, em plena consciência do próprio valor, se deixam subjugar pelos seus semelhantes. Na opinião de Tolstoi, a violência não se deve opor à violência, tudo deve caminhar por antítese; ao mal é necessário que se oponha o bem, retrocedendo-se assim aos remotos tempos de Cristo, o qual aconselhava que se oferecesse a face direita à mão atrevida que nos havia esbofeteado a esquerda, devendo-se, por única defesa, recitar ao ofensor as frases morais do Evangelho. (...) Mas não! Para que fim serve este sentimentalismo arcaico, esta filosofia de resignação patriarcal, este misticismo estranho e oco?! O que hoje a humanidade reclama, para poder marchar triunfalmente à conquista de liberdade, é o entusiasmo febril da luta filosófica da morte pela vida, o idealismo humanamente encarnado, o idealismo que sente e que vive entre paixões cogitadas. Os nossos mártires, a miséria humana, as nossas desventuras, recla-

mam homens que saibam afrontar a própria morte, que lutem com energia e altivez, embora tenham como recompensa que galgar os degraus do patíbulo. A rebeldia é a nossa virtude. A capa de chumbo que suportamos é excessivamente pesada; nós, porém, empregaremos todos os esforços para quebrá-la e se nesse esforço ela nos esmagar, paciência, ao menos não se dirá que ficamos submissos e resignados a suportá-la, lendo as máximas de Tolstoi e encarando com benevolência o nosso opressor, a fim de morrermos como verdadeiros cristãos. Cautela, pois! A anemia vai penetrando lentamente no campo revolucionário, e, armada com essas máximas lângüidas submissas, começa a roer as energias que palpitam, que sentem, que têm enfim braços robustos e pensamento vigoroso. Cautela sim! O misticismo já está a bater às nossas portas, disfarçado em figura de larva humanitária, ele não aconselha a opor violência à violência, mas sim o bem ao mal: por conseguinte, ele virá empobrecer o nosso sangue e tornar mesquinha e raquítica a nossa robusta fé. Cautela, cautela, a anemia nos ameaça.[51]

Portanto, a violência era mesmo uma necessidade inerente à luta que se travava e abdicar a ela era desacreditar na ação revolucionária, restando somente a desesperança na insurreição geral. Todavia, não houve notícia de atos terroristas no Distrito Federal. Com relação a atentados, os libertários assim se manifestavam:

se o anarquismo não significa sequer insurreição, greve geral revolucionária sendo coisas diferentes, embora justas, muitas vezes, com mais razão o atentado político — durante o período evolutivo que atravessamos — não faz parte do programa anarquista. E, se alguns o praticam, são como homens oprimidos.[52]

Este discurso anarquista provocava desconfiança e levava a que a repressão, em determinados momentos, forjasse situações e responsabilizasse os libertários, justificando com isso atos de repressão, e até de expulsão daqueles que consideravam indesejáveis, com base na lei de expulsão de trabalhadores, votada e aprovada no Governo de Afonso Pena. A aprovação da lei de expulsão não impediu, no entanto, que a partir de 1907 fosse intensificada a campanha pela regulamentação da jornada de trabalho em 8 horas, conforme resolução do 1º Congresso Operário, em 1906, também um aumento considerável do número de associações.

## NOTAS

1. Woodcock, George, *Os anarquistas,* RGS, LPM, 1977, p. 42.
2. *O Despertar,* RJ, 1 e 2 de novembro de 1898.
3. *O Despertar,* RJ, 1 e 2 de novembro de 1898.
4. *O Libertário,* RJ, 1 e 9 de outubro de 1904.
5. *A Guerra Social,* RJ, 1 e 20 de junho de 1911.
6. *A Guerra Social,* RJ, 16 de julho de 1911.
7. *O Despertar,* RJ, 1 e 2 de junho de 1898.
8. *A Guerra Social,* RJ, 16 de julho de 1911.
9. *A Guerra Social,* RJ, 29 de junho de 1911.
10. *O Protesto,* 24 de dezembro de 1899.
11. *Liberdade,* RJ, agosto de 1909.
12. *Liberdade,* RJ, agosto de 1909.
13. *A Guerra Social,* RJ, 16 de julho de 1911.
14. *A Voz do Trabalhador,* RJ, 30 de outubro de 1909.
15. *A Voz do Trabalhador,* RJ, 30 de outubro de 1909.
16. *A Voz do Trabalhador,* RJ, 15 de agosto de 1908.
17. *A Guerra Social,* RJ, 16 de julho de 1911.
18. *A Guerra Social,* RJ, 20 de agosto de 1911.
19. *Liberdade,* RJ, agosto de 1909.
20. *Liberdade,* RJ, agosto de 1909.
21. *Brasil Operário,* RJ, 2ª quinzena de dezembro de 1904.
22. *A Voz do Trabalhador,* RJ, 22 de novembro de 1908.
23. *A Voz do Trabalhador,* RJ, 15 de agosto de 1908.
24. *A Voz do Trabalhador,* RJ, 6 de dezembro de 1908.
25. *A Voz do Trabalhador,* RJ, 17 de maio de 1909.
26. *A Voz do Trabalhador,* RJ, 1 de junho de 1909.
27. *A Voz do Trabalhador,* RJ, 13 de janeiro de 1909.
28. *A Voz do Trabalhador,* RJ, 30 de agosto de 1909.
29. *A Voz do Trabalhador,* RJ, 30 de outubro de 1909.
30. *Reação,* RJ, 4 de junho de 1902.
31. *A Voz do Trabalhador,* RJ, 22 de novembro de 1908.
32. *A Voz do Trabalhador,* RJ, 1 de junho de 1909.
33. *A Voz do Trabalhador,* RJ, 15 de novembro de 1909.
34. *A Guerra Social,* RJ, 15 de outubro de 1911.
35. *A Voz do Trabalhador,* RJ, 30 de outubro de 1909.
36. *A Guerra Social,* RJ, 29 de junho de 1911.
37. *A Voz do Trabalhador,* RJ, 15 de junho de 1909.

38. A parte referente ao 1.° Congresso Operário de 1906 se baseia em Rodrigues, Edgar, *Socialismo e sindicalismo no Brasil*, RJ, Laemmert, 1969.
39. Cândido Filho, José, *O movimento operário*, RJ, Vozes, 1982, p. 143.
40. Rodrigues, Edgar, *Socialismo e sindicalismo no Brasil*, RJ, Laemmert, 1969, p. 114.
41. Koval, Boris, *História do proletariado brasileiro*, SP, Alfa Omega, 1982, p. 108.
42. *O Protesto*, RJ, novembro de 1899.
43. *O Despertar*, RJ, 1 e 2 de novembro de 1898.
44. *A Voz do Trabalhador*, RJ, 3 de agosto de 1909.
45. *Liberdade*, RJ, agosto de 1909.
46. *Liberdade*, RJ, agosto de 1909.
47. Rodrigues, Edgar, *Socialismo e sindicalismo no Brasil*, RJ, Laemmert, pp. 112-147.
48. Rodrigues, Edgar, *idem*, p. 139.
49. *A Questão Social*, RJ, 3 de setembro de 1911.
50. *A Guerra Social*, RJ, 2 de agosto de 1911.
51. *O Protesto*, RJ, 11 de novembro de 1899.
52. *A Guerra Social*, RJ, 2 de agosto de 1911.

**capítulo 4**

# O Discurso da Liberdade e uma Prática Autoritária

*Ó Pobres de ocultas chagas*
*lá das mais longínquas plagas!*
*Parece que em vós há sonho*
*e o vosso bando é risonho.*
*Que através das rotas vestes*
*trazeis delícias celestes.*

CRUZ E SOUSA

No Brasil, doutrina e práticas anarquistas desenvolveram-se em condições específicas, obedecendo ao estágio do capitalismo que se implantava, impondo uma nova divisão social do trabalho e uma ordem que o Estado garantia de forma autoritária. No Rio, as práticas anarquistas eclodiram em diversos locais de trabalho e delas participaram setores sociais de categorias de trabalho as mais variadas. De certa forma, esta constatação demonstra que o anarquismo não foi uma peculiaridade inerente ao momento da transição, quando da passagem da manufatura para a indústria, mesmo porque no Brasil essa transição não ocorreu tal como na Europa.

O movimento anarquista representou nessa fase, certamente, a principal força de renovação, ou seja, aquela que fornecia elementos novos de reflexão, como a individualidade. Acreditava fosse responsável pelo despertar da consciência política e crítica dos trabalhadores e pelo distanciamento de parte destes da ideologia dominante. Para tanto, o discurso anarquista dignificava o trabalho do homem e o próprio homem num momento em que o trabalhador percebia que, na nova situação de assalariado, encontrava-se mais só e desamparado, sem a "proteção" do senhor que o tivera como escravo. Combateu o preconceito contra os trabalhadores imigrantes, chamando a atenção de que todos os trabalhadores, nacionais e estrangeiros, eram vítimas maiores do capital e da burguesia que os controlavam. E ainda que só unidos poderiam enfrentar forças tão poderosas quanto o capital, o Estado, a burguesia e a Igreja. Da mesma forma, esclarecia a função do Estado e da Igreja, vistos como forças de dominação a serviço da burguesia e do capital. O Estado pela força das leis criadas para esse fim e controladas pela força policial, e a Igreja, por aproveitar-se da ignorância dos povos para impor o fanatismo através das escolas e dos púlpitos. Os libertários apontavam os sindicatos como a trincheira, onde se lutaria contra essa ordem social e contra a irracionalidade do Estado. Houve, a partir da descoberta da necessidade de resistir, uma modificação qualitativa nas formas associativas dos trabalhadores. As antigas associações mutualistas e assistenciais deram lugar aos sindicatos por categoria de trabalho. Estes sindicatos, na linha do anarco-sindicalismo, pregaram a neutralidade político-partidária, acionando como forma de luta por suas questões econômicas a ação direta. Assim pregavam Greve Geral para a derrocada do Estado industrializante e a implantação, em substituição a este, de uma federação de sindicatos autônomos. A concentração de trabalhadores por categoria em sindicatos já permitia comprovar que estes estavam identificando seus problemas comuns e o reconhecimento da necessidade de união para a resistência. O anarco-sindicalismo fez do sindicato um órgão de luta, sem funções assistenciais, mas ressaltando a solidariedade como sua principal força, com isso tornou claro o desprezo pelos recursos materiais. Preconizou que o dinheiro arrecadado deveria tornar-se caixa da resistência e utilizado para propaganda e agitação. O movimento anarquista também liderou a campanha pacifista e antimilitarista, que encontrou resposta calorosa em uma população atormentada pelo sorteio militar obrigatório. Em 1909, promoveu e liderou a mobilização em protesto ao fuzilamento de Francisco Ferrer. Em 1910, quando da revolta dos marinheiros, que protestavam contra a inclusão arbitrária de seus companheiros na Armada, participou ativamente dos protestos. Destacou a participação da mulher, defendendo os seus direitos como iguais aos dos homens, chegando a propor no 1º Congresso de 1906, que "o primeiro ato da Confederação que surgir do nosso seio seja empregar todos os esforços para organizar o elemento feminino em sindicatos de resistência, livremente unidos aos sindicatos congêneres do elemento masculino".[1] Os libertários não se limitaram a discutir os problemas locais, regionais e nacionais. Tiveram forte tendência internacionalista, noticiando o movimento anarquista internacional, denunciando perseguições que se processavam em outros países contra os operários, discutindo a revolução mexicana e promovendo concentrações de apoio ou protesto a acontecimentos considerados importantes ocorridos no exterior.

Os anarquistas, portanto, participaram ativamente das lutas que a população do Distrito Federal enfrentou nesse período. Os seus jornais testemunharam o grau elevado dessa participação. Seus membros tiveram uma atuação apaixonada, por vezes heróica, arriscando prisões, deportações e o desemprego. Mesmo manifestando-se contra o alinhamento político, os anarquistas desenvolveram, na prática, intensa atividade política.

Todavia, os anarquistas formularam propostas impregnadas de aspirações de uma determinada cultura com uma racionalidade diferente principalmente em relação ao lazer, vivida na Europa no final do século XIX, tais como discussões sobre temas de interesse científico, educativo e social que não alcançaram ressonância em significativos setores de trabalhadores.

Mesmo assim, as propostas anarquistas exercem, então, um fascínio sobre parte considerável dos trabalhadores, num contexto em que o capital e a classe dominante (imbuídos da ideologia liberal e sua distorção escravocrata) exploravam e consumiam suas forças no mundo do trabalho. O Estado oligárquico, através dos poderes jurídico-policial e de outras instituições, exerceu uma dominação discriminadora, impedindo suas manifestações culturais, na tentativa de uma homogeneização cultural que facilitasse a inserção dos trabalhadores no processo produtivo. Por outro lado, a Igreja que poderia contrapor-se como força ideológica, mesmo num momento de relativa perda de poder, quando da implantação da República, manteve-se, como instituição, mais próxima da classe dominante que das classes dominadas. Nessas circunstâncias, as propostas anarquistas canalizaram a oposição a essa ordem social estabelecida, e o anarco-sindicalismo foi o chamamento para a resistência, através da organização de sindicatos por categorias de trabalho, onde se agrupavam os trabalhadores.

A cidade do Rio de Janeiro assume novos contornos. Avenidas foram abertas, ruas são alargadas, constroem-se grandes edifícios. São novos os aspectos físicos e sonoros. Antes do amanhecer, mulheres e crianças caminham com os homens rumo às fábricas, onde trabalham. Esses novos atores, as mulheres e as crianças, no mundo do trabalho da fábrica, apresentam sons e cores diferentes. Suas vidas, também, entram em um novo ritmo, revestido de muita esperança. O trabalho assalariado está garantido. Há outras opções ao trabalho serviçal e doméstico. A excitação dessa conquista causa perplexidade. A divisão social do trabalho na fábrica logo coloca mulheres e crianças em funções diferentes, muitas vezes mais difíceis, e com menores salários. Perplexidade e aflição são emoções que os trabalhadores assumem frente à desfaçatez do gerente com relação às companheiras de trabalho. As questões são aguçadas nessa transição, da virada do século XIX para o século XX, nela o perfil de grupos sociais distintos começou a se delinear no processo histórico da formação social brasileira. As classes sociais distinguiam-se a partir da relação determinada dos homens com respeito aos meios de produção e suas práticas culturais.

No Rio de Janeiro, a classe trabalhadora em formação começou a construir a sua identidade na sua vida quotidiana, em suas relações de trabalho, nas lutas diárias pela própria sobrevivência em suas práticas culturais e religiosas, no enfrentamento com a ordem estabelecida e com o Estado que a impunha. Definiu-se e identificou-se com um ritmo próprio, em suas práticas culturais e religiosas, quando, demonstrando o sincretismo religioso existente, acrescentou à sua vivência anterior algumas práticas que acenavam com perspectivas de "ganhos". Assim apelava aos santos da Igreja Católica, através de promessas e/ou através de "despachos" feitos nos terreiros de candomblé ou macumba, colocados nas encruzilhadas, e muitas vezes apelando aos dois centros religiosos. A visão do mundo desses homens, oriunda do sincretismo religioso, fazia a mediação entre eles e o real que construíam ao se autoproduzirem. A classe operária definiu-se e identificou-se em suas relações de trabalho frente ao capital que a submetia em péssimas condições à superexploração através de baixos salários e imensas jornadas de trabalho, sem repouso semanal remunerado, férias, previdência social, etc. Definiu-se e identificou-se, também, em suas relações humanas, em sentido mais restrito, pelas modificações ocorridas em seu mundo familiar, em conseqüência do trabalho da mulher e das crianças em fábricas. Essas experiências novas, repetidas, continuadas, articularam os homens entre si, dentro de certas limitações impostas pela vivência anterior.

A classe existia, articulava-se, atuava na resistência ante o poder organizado, nas lutas contra o capital, adquiria experiências comuns que atingiam, a partir daí, seus sistemas de valores, idéias possibilitando, então, reconhecer os interesses opostos aos seus e àqueles que defendiam esses interesses. Nesse contexto histórico, real, os homens recém-libertados do trabalho escravo rural e urbano, com determinados sistemas de valores, ingressaram numa organização social de trabalho, junto com imigrantes com outros sistemas de valores. Acrescentem-se ainda os trabalhadores livres urbanos, também com sistemas de valores diferentes. Todos, no enfrentamento com as condições impostas pelas relações de produção capitalista, viveram experiências comuns, no processo de luta de classes. Esses homens tinham em comum a disponibilidade para vender a força de trabalho, eram trabalhadores. O trabalho assalariado significava para eles a própria existência social, a articulação com a sociedade. Essa articulação fazia-se, no entanto, de forma impessoal, autoritária e coercitiva. Leve-se em conta também as condições sociais do Rio de Janeiro, onde uma população flutuante, sem emprego, sem residência fixa, que tem de perambular de bairro em bairro, anoitecendo nos botecos do Centro da cidade, onde bebe, batuca, dorme e amanhece para uma nova busca de um biscate que lhe garanta ganhar algum dinheiro.[2] Esse grupo social está muito próximo dos trabalhadores, e estes sabem que a qualquer momento o desemprego torna-se também uma ameaça de transformá-los em biscateiros, caminho da mendicância e da marginalidade. Nessas circunstâncias de sofrimento, de controle e frustração, perdiam a crença nas possibilidades de uma integração, obstaculizada por instrumentos de coerção que permeavam todas as instâncias da vida social. O Estado oligárquico não ofereceu uma mediação imparcial nas freqüentes questões entre capital e trabalho. Ao contrário, mediou sempre em favor e defesa do capital, reprimindo, inclusive, as manifestações dos trabalhadores. Esse mesmo Estado afrontou a liberdade individual com o serviço militar obrigatório, vacinação obrigatória, as demolições residenciais e com outras medidas impostas autoritariamente. Como se amalgamaram as propostas anarquistas e os trabalhadores desse momento, que têm uma visão de mundo oriunda do sincretismo religioso do qual são parte e que faz a mediação entre estes e o real que constroem ao se autoproduzirem?

O sofrimento, que o capitalismo acrescenta às suas vidas de pouca ou nenhuma perspectiva, empurra-os para a busca da ilusão e do sonho capazes de restituir-lhes o equilíbrio perdido. As suas representações de mundo são construídas com um forte sentimento místico e religioso, característicos daqueles que ainda estão muito próximos da natureza. Nesse sentido, agarram-se aos "pais-de-santo" nos terreiros, ou vão à igreja dos "capuchinhos", e quase sempre aos dois centros religiosos, em suas tentativas de suportar a angústia trazida pela realidade em que vivem.

Para os anarquistas, a ruptura com esse momento vivido pelos trabalhadores, amparados em suas crenças ou refugiados nas tabernas, onde se embriagavam, era necessária e urgente. Para tanto, carecia que os homens, no seu processo de trabalho coletivo, assumissem uma postura racional e crítica. A partir dessa postura, alcançar-se-ia um novo tempo histórico, onde a participação consciente pudesse dar um sentido revolucionário à luta de classes. Os apelos sóbrios e constantes para que esses trabalhadores não dispersassem suas energias em jogos "de qualquer espécie", não freqüentassem as tabernas, para que trocassem "o copo pelo livro", contra o carnaval, contra os jogos de futebol organizados pelas fábricas, contra as formas de religião; o silêncio de sua imprensa a respeito das perseguições impostas às religiões mais populares, provavelmente todas essas posturas isolaram setores que poderiam ter sido absorvidos na luta. O anarquismo naquele momento, tal como o Estado, por motivos distintos e opostos, não respeitou as formas das representações culturais desses setores. O Estado, visando à incorporação deles no processo produtivo, promovia a descaracterização cultural sob a máscara da "modernização". O anarquismo, em sua paixão heróica pela revolução transformadora, ignorou a cultura das classes dominadas. Por isso, provavelmente, não saiu em defesa dos trabalhadores que enfrentavam perseguições, prisões e deportações em defesa de suas crenças e costumes. Ao contrário, propôs que abrissem mão de seus atos culturais, partes de sua história. As palavras de ordem dos libertários, cheias de conteúdo transformador e radical, pediam ao trabalhador que abdicasse de suas crenças. Não percebiam que a cultura, os costumes, são parte da totalidade do homem, portanto formadores de sua consciência.

O sistema de valores, a cultura construída por esses homens como parte do processo social, histórico, constrói também sua consciência. A consciência possível de que fala Goldmann.[3] E a ação política, proveniente dessa consciência, como observa ainda Goldmann, "tentativa consciente de intervir na vida social para nela introduzir certas transformações", já era uma questão posta para grande parte dos trabalhadores do Rio de Janeiro. A ação política assumia um caráter importante. Era agudizada pela luta de classes, nesse contexto de grandes mudanças.

Nessas condições, a sociedade carioca e nesta os trabalhadores tinham um estilo de vida próprio, com manifestações espontâneas de oposição à ordem vigente e intensa participação nas festas religiosas e populares. A permanência constante de trabalhadores desocupados no Centro da cidade, onde ocorriam as manifestações organizadas por grupos políticos, levava a que eles participassem ativamente dessas manifestações, com brincadeiras, piadas; envolviam-se em violentas pancadarias que resultavam em prisões. Eram, portanto, brincalhões, religiosos e violentos.

Nesse contexto, as propostas anarquistas eram terrivelmente autoritárias quando pediam ao homem a impossível tarefa de partir-se de grandes incoerências com o seu discurso de valorização e da crença no homem. Pois o homem não poderia ser visto somente por sua capacidade de ação política, mas o homem tinha que ser aceito e respeitado em sua totalidade. Ao homem devia dar-se a oportunidade de escolha, de forma que a luta política e econômica que lhe assegurasse a sobrevivência física e social significasse também a luta para assegurar a defesa das coisas que tornam a vida feliz.

Sem uma prática político-partidária e alcançando apenas frágeis formas de organização, importante contingente de trabalhadores mobilizou-se em torno das propostas anarquistas, assumindo a luta, como forma de contornar o desencanto que o mundo do trabalho assalariado oferecia, despojando-se e alterando partes imprescindíveis de sua realidade social, acentuada inutilmente. Os trabalhadores sofriam a violência da escolha impossível, entre a participação na ação política e a perda de sua identidade cultural, entre a sua integridade político-cultural e a sua fragmentação. Assim, o movimento libertário, que com suas propostas para o enfrentamento da luta de classes, foi capaz de atrair grandes parcelas de trabalhadores no momento de sua identificação e até alcançou a hegemonia do movimento operário, esteve distante de ganhos políticos reais e permanentes, pois não considerou o homem em sua totalidade.

NOTAS

1. Rodrigues, Edgar, *Socialismo e sindicalismo no Brasil (1675-1913)*, Rio de Janeiro/Guanabara, Gráfica Editora Laemmert, S. A., 1969. pp. 114-140.
2. Edmundo, Luís, *Rio de Janeiro do meu tempo*, Rio de Janeiro, Imprensa Nacional, 1938, volume 1, pp. 84-118.
3. Goldmann, Lucien, *Epistemologia e filosofia política*, Ed. Presença. 1984, Lisboa, p. 33.

# Jornais Consultados

1. *Avante*. Órgão da Classe Operária. Diretor: Álvaro de Sá Pinto, Niterói, 1904.
2. *Avante*. Órgão Anticlerical e Republicano, Rio, 1908.
3. *O Archote*. Redator-Chefe: Leonel Tavares, Rio, 1908.
4. O *Artista*, Órgão das Classes Laboriosas, Rio, 1905.
5. *A Bomba*, Órgão da Classe Operária contra o Sebastianismo, o Clericalismo e o Estrangeirismo. Redator-Chefe: Aníbal Mascarenhas, Rio, 1894.
6. *Brasil Operário*. Bimensal, Órgão das Classes Proletárias. Diretor: Elisiário Freire, Rio, 1903-1904.
7. *O Baluarte*. Órgão dos Operários Chapeleiros, Rio, 1908.
8. *O Componedor*. Órgão da Classe Tipográfica, Rio, 1909.
9. *O Corsário*. Órgão de Crítica Imparcial e Propaganda Social. Redator-Chefe: Edmundo Cunha, Rio, 1903-1904.
10. *O Caixeiro*. Semanário Literário Recreativo dedicado à Classe Caixeiral. Proprietário: Correa Lima, Rio, 1909.
11. *Despertar*. Periódico Comunista Livre. Diretor: J. Sarmento Dedende. De Subscrição Livre, Rio, 1898.
12. *Echo Popular*. Órgão das Classes Operárias, Industrial e Comercial. Diretor: Luiz da França e Silva, Rio, 1890.
13. *O Estrangeiro*. Órgão em Defesa do Estrangeiro. Diretor: G. P. Monti Druzeich, bissemanal, Rio, 1894.
14. *O Futuro Popular*. Órgão do Congresso Cooperativo de Seguros de Vida. Bimensal. Diretor: Holanda Cunha, Rio, 1902.
15. *Gazeta Marítima*. Órgão da Marinha Mercante, Comércio e Indústria. Redator-Chefe: Tte. Eduardo Lima, Rio de Janeiro, 1903-1905.
16. *A Gazeta Operária*. Órgão Socialista. Diretor: Mariano Garcia, Rio, 1902-1903.
17. *A Guerra Social*. Periódico Anarquista. Administrador: João Arsua, Rio, 1911.
18. *O Jacobino*. Órgão Antilusitano. Direção e Redação: Diocleciano Martins, Rio, 1894-1897.
19. *O Libertário*. Periódico Anarquista, Rio, 1904.
20. *Liberdade*. Periódico Anarquista, Rio, 1909.
21. *O Libertarista*. Órgão de Propaganda da Razão. Redatores e Proprietários: Dr. Esperidião de Medicis Delloli e Magnus Sondahl.
22. *Lumen*. Diretor: Maurício de Lacerda, Rio 1904.
23. *O Mensageiro*. Órgão dedicado às Classes Proletárias e Operários, mensal. Diretor-Gerente: Aristides Silva, Rio, 1899.
24. *A Nação*. Órgão Radical e Independente. Redator-Chefe: Alcindo Guanabara, Rio, 1903-1904.

25. *O Operário*. Órgão dos Operários. Diretor: Vieira Campos, Rio, 1908-1910.
26. *L'Operario Italiano*. Propriedade de uma Cooperativa Operária, Rio, 1897-1898.
27. *O Operário*. Órgão da Classe Operária. Redatores: João da Rocha e João Benevides, Rio, 1892.
28. *O País*, Rio, 1904.
29. *O Protesto*. Órgão Anarquista. Diretor: J. M. Assumpção, Rio, 1899.
30. *Rio de Janeiro*, Jornal de Combate, Rio, 1910.
31. *Reação*. Diretor: Holanda Cunha, Rio, 1902.
32. *Semana Operária*. Órgão da Defesa Operária, Rio, 1907.
33. *A Semana*. Crônica da Vida da Cidade Carioca. Gerência: Carlos Morais, Rio, 1911.
34. *O Independente*. Órgão Anticlerical. Diretor e Redator: Ferreira de (ilegível).
35. *Internacional*. Jornal da Classe dos Caixeiros de Hotéis, Restaurantes e Brasseries. Diretor: Francisco Fernandez, Rio, 1911.
36. *A Tribuna do Povo*. Diretor: Mariano Garcia, Rio, 1909.
37. *A União Operária*. Órgão da União Operária do Engenho de Dentro, Rio, 1904.
38. *União Caixeiral*. Órgão da Classe. Redator-Diretor: João Azurara, Rio, 1903.
39. *A Voz do Trabalhador*. Órgão da Confederação Operária Brasileira, Rio, 1908-1909.
40. *A Voz do Povo*. Órgão do Operariado da Indústria e da Lavoura (Anti-Socialista). Redator: Cônego Dr. Victor M. C. de Almeida, Gerente: Archilles França, Rio, 1911.

# Bibliografia

Almeida Fernando Lopes de, org., *A questão urbana na América Latina*, Rio de Janeiro, Forense Universitária, 1978 (Coleção Ensaios de Economia).

Ansart, Pierre, *Marx et l'anarchisme*, Paris, Presses Universitaires de France, 1969.

————, *El Nacimiento del Anarquismo*, Buenos Aires, Amorrortu Editores, 1973.

Azevedo, Fernando, *A cultura brasileira*, São Paulo, Edições Melhoramentos, 1954, tomo I.

Basbaum, Leôncio, *História sincera da República (1889-1930)*, Rio de Janeiro, Livraria São José, 1958.

Bello, José Maria, *História da República (1889-1954)*, 4ª ed., São Paulo, Cia. Editora Nacional, 1959.

Brandão, Octávio, *Combates e batalhas*. Prefácio de Paulo Sergio Pinheiro, São Paulo, Editora Alfa-Omega, 1978 (Memórias, vol. 1).

Braverman, Harry, *Trabalho e capital monopolista: a degradação do trabalho no século XX*, Rio de Janeiro, Zahar Editores, 1977 (Biblioteca de Ciências Sociais).

Cano, Wilson, *Raízes da concentração industrial em São Paulo*, Rio de Janeiro, Difel, 1977 (Coleção Corpo e Alma do Brasil, LIII).

Cardoso, Ciro F. S., e Brignoli, Héctor Pérez, *História econômica de América Latina*, 2ª ed., Barcelona, Editorial Crítica, 1981, 2 vols.

Cardoso, Fernando Henrique, e Enzo, Falleto, *Dependência e desenvolvimento na América Latina*, Rio de Janeiro, Zahar Editores, 1979.

Carone, Edgar, *A Primeira República (1889-1930)*, 2ª ed., aumentada, São Paulo, Difel, 1973 (Coleção Corpo e Alma do Brasil, XXXIX).

Carone, Edgar, *Movimento operário no Brasil (1877-1944)*, São Paulo, Difel, 1979 (Coleção Corpo e Alma do Brasil, LVI).

————, *O centro industrial do Rio de Janeiro e a sua importante participação na economia nacional (1827-1977)*, Rio de Janeiro, CIRJ/Cátedra, 1978.

Costa, Emília Viotti da, *Da Monarquia à República: Momentos decisivos*, 2ª ed., São Paulo, Livraria Editora Ciências Humanas Ltda. (Coleção Brasil Ontem e Hoje, 2).

Danelli, Natale Vieira, *História da música popular brasileira*, São Paulo, Abril Cultural, 1979.

Dobb, Maurice, *Estudios sobre el desarrollo del capitalismo*, 4ª ed., Buenos Aires, Siglo XXI, Argentina Editores, 1974.

Dulles, John W. Foster, *Anarquistas e comunistas no Brasil,* Rio de Janeiro, Nova Fronteira, 1977.

Duverger, Maurice, *Ciência política — teoria e método,* Rio de Janeiro, Zahar Editores, 1962 (Biblioteca de Ciências Sociais).

Edmundo, Luís, *O Rio de Janeiro do Meu Tempo,* Rio de Janeiro, Imprensa Nacional, 1938, 3 vols.

Fausto, Bóris, *Expansão do café e política cafeeira,* in: História Geral da Civilização Brasileira, São Paulo, Difel, 1975. Tomo III, vol. 1, pp. 193-248.

———, *Trabalho urbano e conflito social (1890-1920),* São Paulo, Rio de Janeiro, Difel, 1976 (Coleção Corpo e Alma do Brasil).

Felizardo, Joaquim J., *História nova da República Velha: do manifesto de 1870 à Revolução de 1930,* Petrópolis, Vozes, 1980.

Ferreira, Maria Nazareth, *A imprensa operária no Brasil: 1880-1920,* Petrópolis, Vozes, 1978 (Coleção Meios de Comunicação Social/19, Série Pesquisa/6).

Fenelon, Dea, *Estado e classes sociais,* mimeografado, São Paulo, 1983.

Filho, José Cândido, *O movimento operário: o sindicato, o partido,* Petrópolis, Vozes, 1982.

Foucault, Michel, *Microfísica do poder,* 2ª ed., Rio de Janeiro, Ed. Graal, 1981.

———, *Vigiar e punir,* Rio de Janeiro, Ed. Vozes, 1977.

Goldmann, Lucien *Epistemologia e filosofia política.* Ed. Presença, 1984, Lisboa.

Gorz, André, *Adeus ao proletariado: para além do socialismo,* Rio de Janeiro, Forense Universitária, 1982

———, org., *Crítica da divisão do trabalho,* São Paulo, Martins Fontes, 1980.

Hardman, Francisco Foot, *Nem pátria nem patrão,* 2ª ed., São Paulo, Editora Brasiliense, 1984.

Horowitz, Irving Louis, org., *Los anarquistas.* Apêndice de José Alvarez Junco: "El Anarquismo en España", 2ª ed., Madri, Alianza Editorial S/A, 1979, vol. 2.

Leme, Marisa Saenz, *A ideologia dos industriais brasileiros: 1919-1945,* Petrópolis, Vozes, 1978 (Coleção História Brasileira, 2).

Koval, Boris, *História do proletariado brasileiro (1857 a 1967),* São Paulo, Ed. Alfa-Omega, 1982.

Lobo, Eulália Maria Lahmeyer, *História do Rio de Janeiro (Do capital comercial ao capital industrial e financeiro),* Rio de Janeiro, IBMEC, 1978, 2 vols.

Magnani, Silvia Lang, *O movimento anarquista em São Paulo (1906-1917),* São Paulo, Editora Brasiliense, 1982.

Maram, Sheldon Leslie, *Anarquistas, imigrantes e o movimento operário brasileiro (1820-1920),* Rio de Janeiro, Paz e Terra, 1979 (Coleção Estudos Brasileiros, vol. 34).

Martins, José de Souza, *Os camponeses e a política no Brasil,* Petrópolis, Vozes, 1981.

Marx, Karl, *O capital,* 2ª ed., Rio de Janeiro, Ed. Civilização Brasileira S.A., Livro 1, vols. 1 e 2.

————, *Miséria da filosofia,* São Paulo, Ed. Grijalbo, 1976.

Mello, João Manuel Cardoso, *O capitalismo tardio.* Pref. de Luiz Gonzaga de Mello Belluzzo, 3ª ed., São Paulo, Editora Brasiliense, 1984.

Negro, Hélio, e Levenroth, Edgar, *O que é o marxismo ou o bolchevismo,* São Paulo, Semente, s.d. (Coleção Libertária).

Petrone, Maria Tereza Schorer, *Imigração,* In: História Geral da Civilização Brasileira, Rio de Janeiro, Difel, 1977, tomo III, vol. 2, pp. 93-133.

Pinheiro, Paulo Sergio, e Hall, Michael M., *A classe operária no Brasil, 1889-1930.* Documentos. São Paulo, Ed. Alfa-Omega, 1979 (Coleção Política, vol. 1).

————, *Política e Trabalho no Brasil,* Rio de Janeiro, Paz e Terra, 1975 (Coleção Estudos Brasileiros, vol. 5).

Reclus, Élisé, *L'évolution, la révolution et l'idéal anarchique,* France, Éditions Stock, 1979.

Resende, Maria Alice Carvalho, *Cidade e fábrica. Construção do mundo do trabalho na sociedade brasileira,* Campinas, 1983.

Rio, João do, *Histórias da gente alegre.* Seleção, Introdução e Notas de João Carlos Rodrigues. Rio de Janeiro, Livraria José Olympio Editora, 1981.

Rodrigues, Edgar, *Alvorada operária,* Rio de Janeiro, Edições Mundo Livre Ltda., 1979.

————, *Nacionalismo e cultura social,* Rio de Janeiro — Guanabara, Gráfica Editora Laemmert S. A., 1972.

————, *Novos rumos — Pesquisa social (1922-1946),* Rio de Janeiro, Edições Mundo Livre Ltda., s.d.

————, *Socialismo e sindicalismo no Brasil (1675-1913),* Rio de Janeiro — Guanabara, Gráfica Editora Laemmert 5.1., 1969.

————, *Trabalho e conflito. Pesquisa 1906-1937,* Rio de Janeiro, Ed. Arte Moderna Ltda., 1975.

Sevcenko, Nicolau, *Literatura como missão: tensões sociais e criação cultural na Primeira República,* São Paulo, Editora Brasiliense, 1983.

Silva, S. S., *Expansão cafeeira e origens da indústria no Brasil,* São Paulo, Editora Alfa-Omega, 1976.

Simão, Aziz, *Sindicato e Estado,* São Paulo, Dominus Editora, 1966.

Singer, Paul, *Economia política da urbanização,* 5ª ed., São Paulo, Ed. Brasiliense, 1978.

Thompson, E. P., *La formación histórica de la classe obrera, 1780-1832.* Prólogo de J. Fontana, Barcelona, Editorial Laia, 1977, 3 vols.

————, *Tradición, revuelta y conciencia de classe,* Barcelona, Editorial Crítica, 1979.

Woodcock, George, *El anarquismo,* Barcelona, Editora Ariel, 1979.

————, *Anarquistas,* Rio Grande do Sul, Ed. LPM, 1977.